帮你读懂《了凡四训》

乔五星 著

团结出版社

内容提要

把普及度很高的《了凡四训》解读出新意来；引起熟悉此书的人，重新学习掌握立命要义；让第一次学习此书的人，就能领会要义，运用立命法；使《了凡四训》成为读者的人生导师。这是本书的“帮你读懂”！

《了凡四训》是教人立命的书！是对圣贤立命之学的集大成之作品！是一部系统的、完备的、经典的立命之学的鸿篇巨著！《了凡四训》的出现，挽救了几乎失传的圣贤立命绝学！传承了圣贤立命的理论和方法！让中华伟大的圣贤立命之学大白于天下！此为本书所揭示的。以了凡先生对立命之学的身体力行为范本，倡导读者开启通过立命以立业（立身）的美好人生，是本书所要表达的主旨。

朱康有教授序

因与好友吴文新合著《〈了凡四训〉与共产党人的信仰自觉》一书，我对解读《了凡四训》的相关作品都愿意翻阅一下。近日，有企业家朋友给我转来乔五星老师写的《帮你读懂〈了凡四训〉》大作，该著将云谷禅师讲授和传授给了凡先生1159个字的立命之学，通过划分章节和专题解读，使读者很容易就能掌握其中要义。

在当今已非传统文化语境下讨论一个被人误称“宿命”的问题，似为很多人不以为然。但年轻人要如何把握自己的命运，特别是怎样才能改造自己的命运，却是一个时时刻刻困扰人心的难题。《帮你读懂〈了凡四训〉》提出了立命和立业（立身）的关系，可起到资鉴作用。正如作者文中所称的，《了凡四训》是“对圣贤立命之学的集大成之作品！”这个提法，我还是第一次听说。一般认为，要做圣贤，那是普通人可望不可及的。但同样重要的是，在中华优秀传统文化中，自古以来便有“涂之人可以为禹”，普通人经过后天的点滴积累和努力，能够成为像尧舜那样的圣人。了凡先生悟出的道理不外如此，他把改变自我命运、成就高尚人格和境界寄托于思、言、行等做人的奋斗争取中。以因求果，这是一切现代科学建立的基础，当然也是我们升华自己生命的规律体现。了凡先生把宋明以来“功过格”的反省方法善加运用，在人性矫正中定量化地发挥绝大功能。难能可贵的是，他通过亲身验证，将思想家们讨论的抽象问题具象化、行动化，使之步步趋向于人生境遇和境界的自我提高、自我改善，为芸芸众生改造命运作出了榜样。从实践意义上讲，称《了凡四训》为“对圣贤立命之学的集大成之作品”亦不为过。

把《了凡四训》从通说的劝善类书中剥离出来，独成体系，可引导后学者对散见于中华优秀传统文化经典中的立命之学，进行收集、整理、研究，以丰富、发展、繁荣和创新这一文化精髓。云谷禅师称立命之学为“实学”，就是说，《了凡四训》传承的立命之法，都是可以通过个人如理如法的实践去证实的，而不是空洞的说教。真学实修《了凡四训》者，对此要有信心！

坚持和发展马克思主义，必须同中华优秀传统文化相结合已经成为共识；而只有植根本国、本民族历史文化沃土，马克思主义真理之树才能根深叶茂。实现这个“结合”，需要同仁做大量的融通工作。一个很重要的前提是，我们应对经典作“同情”的了解，特别是能“读懂”古人之用心，而不是拿今天的道理无端地指责。可以说，《帮你读懂〈了凡四训〉》一书，对解读传统经典提供了一种示范。

好书共读，读后自知！是为序。

国防大学国家安全学院教授 朱康有

2022年12月29日

李文良博士序

2002年的一天，我与一位朋友到深圳弘法寺拜见一位法师时，在寺院请了《了凡四训》这部书。回来后，看到里面的内容很好，就购买了3000册，放在自己的车内，遇到有缘的人就送给他看。

然而当时自己的内心仍有存疑，因为我们之前所受的教育很难去接受“命运”这样的观念。就这样又过了三年，直到2004年底的一天，心中突然有了一个这样的疑问：如果《了凡四训》讲的内容是真的，那怎么办？如此一想，感觉头皮发麻，如果《了凡四训》里面讲的内容是真的，那我的人生就完了。一则，如果人真的有命运的话，那我一切的努力、一切的获得都是命里本有的，那我的努力又有什么意义？二则，《了凡四训》又讲命是可以改的，但如果我连命都不相信，更何谈改命呢？

结合2002至2004年间到韩国、美国、德国等发达国家参展交流，看到发达国家物质繁荣的背后是人们内心充满了恐慌与焦虑，深入调研后发现发达国家表面繁荣的背后是每个人平均负债到了第四代。于是内心对西方文明的盲目崇拜感突然破灭了，同时也坚定了一个信念：西方价值观主导的寅吃卯粮的纵欲主义生活方式会将人类社会导向无底的深渊，而人类如果有未来那将一定是中华文化天人合一的智慧来引领！那么中华文化如何才能复兴呢？复兴的标志又是什么呢？于是我提出一个命题，如果将《了凡四训》改造命运的智慧用于企业经营会怎么样呢？

当时，作为一个企业主，自己的生活已经与企业的经营深度捆绑在一起，一年365天可能要工作364天，每天24小时不安，内心常常生起无名之火，与家人、同事的矛盾也越来越紧张，身体也越来越感到疲惫，9岁的儿子也说出了“活着没有意思”的话语……，自己曾以对企业负责任来说服自己忘我的工作，又以企业离不开自己、好像自己是万能的而洋洋得意。而当每次出国前，无论工作怎么安排，却总是很难放心。当坐上要飞十多个小时的飞机时，偶而飞机一个颠簸，自己就会一惊，而通过舷窗看看飞机下面的大海、沙漠等等，心想飞机如果掉下去，那必定是一命呜呼。这时心中感叹企业是如此离不开我，但我的生命却不在自己的掌控中啊！

种种思虑之下，2005年2月的一天，下定决心一定要改变自己与企业的命运，心想如果《了凡四训》是真的，那就用它在我们企业里实践出一个独特价值：企业的创始人离开企业日常运营后，企业的经营可以越来越好。如果可以能得出这样一个结果，那么，中华文化就可以说在我们这个企业复兴了。这样想定了以后，那天就毅然召集核心管理团队做了个交待：从那天起，企业日常运营的任何事就不要再找我了。就是以这种与过去决裂的心：从前种种，譬如昨日死；从后种种，譬如今日生。我拿出个人能拿出来所有的时间、所有的精力和所有的钱，去探索实践《了凡四训》改造命运的原理。

十年的上下求索，2015年6月，实践出51·25·24企业长治久安之道：

51%股权属天地万物，让天地万物作大股东，谋事在人，成事在天。孟子说："民为贵，社稷次之，君为轻。"民即天地万物，阳光空气等等一切众生都是企业的投资者，万物一体。

25%（49%×51%≈25%）股权属全体员工，孟子说："民为贵，社稷次之，君为轻。"企业的社稷即全体员工，水可载舟，亦可覆舟。让全体员工做企业的第二大股东，人心齐泰山移。

剩余之24%才为企业主所有。孟子说："民为贵，社稷次之，君为轻。"企业主即企业之君，应将企业主放在最轻的位置，《道德经》上说"功成、名遂、身退，天之道也。"

51%支持25%，25%支持24%，即符合《易经》之厚德载物。企业主舍76%（51%+25%）股权，大舍即大得。

51%是公即善，49%是私即恶，（51−49）%即2%是纯净纯善，累积源源不断的善。积善之家必有余庆，福至心灵。实现《了凡四训》改造企业命运的路经。

51%的股权给天地万物来掌控，就是将企业的大命运立在天道上，这就符合了《了凡四训》的立命之学，将企业的命立在义理之身上，企业的命运就超越了血肉（物质）之身，也是将《了凡四训》的积善之方及谦德之效得以落实。25%的股权给全体员工及企业主的24%股权，是将《了凡四训》的改过之法在企业内落实。

自2015年实践出51·25·24股权治理机制以来，许多有缘的企业主因为了解到51·25·24的原理而将自己与企业引领到改造命运的大道上来，企业主的人生也从此得以改变。而我们企业在经历种种危机的考验，呈现出越来越有生命力的状态，企业全员的身心呈现出越来越和谐的生命状态，证明了《了凡四训》智慧的真实不虚。

感恩乔五星老师用近26年对《了凡四训》的学习与实践，写出了《帮你读懂〈了凡四训〉》这本宏大著作，相信这本著作的出版，一定对化解当下人们生命中的种种烦恼及平衡人类与大自然的越来越对立的冲突起到重要作用，也必将有力推动中华文化的复兴，也一定会为二十大提出的以中国式现代化全面推动中华民族伟大复兴而起到积极的作用。

是为序。

李文良 博士

东莞市泰威电子有限公司创始人

国际儒联教育普及委员会委员

2023年1月3日

刘余莉教授序

在众多解读《了凡四训》的书中，乔五星老师的作品《帮你读懂〈了凡四训〉》可谓别具一格，引人注目。

《立命之学》是《了凡四训》的核心内容，作者对此作出了十余个专题解读，可见其研究的深入程度；而其对《了凡四训》能写出内容丰富的《导论》和评注，又见其能从书中跳出来。这样引领读者，既能分别深入学习了凡先生的四篇家训，又能从宏观上把握《了凡四训》，使读者很快就能抓住立命之学的要义！

该书把《立命之学》中，云谷禅师传授了凡先生的“义理再生之身”立命法，定义为集儒释道立命论之大成；把《谦德之效》提炼成为“了凡先生普及版再造义理之身立命法”，可谓一语中的！作者发现《了凡四训》有四个版本的“立命法”，并对云谷禅师讲授的儒释道各家立命之学进行系统整理，使读者能够一目了然地看明白往圣先贤传承的立命之学，不再为云谷禅师跟了凡先生对话的晦涩难懂所困!

《为〈了凡四训〉正名》一文，为该书的亮点所在，言他人所未言，发人深省，引人深思。在这里作者提出了“立命教育”的概念，并与“立业（立身）教育”并列，今后，对散见于儒释道经典中的立命之学的研究，恐怕会引起更多学者的关注，甚至成为显学指日可待!

该书在《后记》一文中指出：“儒释道千经万论不外教人立命，或教人立入世的命，或教人立出世的命。”可谓振聋发聩!仔细想来，该说法虽然大胆，但恰为中肯。一句话说出了儒释道的要义，实为难得，足见《了凡四训》一书在传统经典中的分量!

《帮你读懂〈了凡四训〉》一书可圈可点之处不少，对优秀传统经典《了凡四训》的学习，确实可以起到“帮助”的作用。作者嘱余为序，谨以此数语，表随喜赞叹之意。

中央党校（国家行政学院）教授 刘余莉

2023年1月18日

吴文新教授序

很高兴拜读乔五星老师这本小小的大书！是受东莞泰威电子有限公司创办人李文良总经理之邀约，结下这份因缘。文良总经理是一位企业家，但跟他的有限接触，很难看到他身上浓郁的商人或高管气息，更没有某些富豪居高临下的傲慢，而是一位近二十多年来致力于探索中国民营企业长治久荣之道，言行温润尔雅、性格稳健、思想敏锐、信念执着的修道之人和思想者，兼具学富五车学问家和知行合一证道人的圣贤气象。他坚持不懈地把自己的企业办成一个学校型企业，在带领几百员工为社会创造物质财富而历经波澜依然屹立的同时，通过与公司一体运作的斯美书院和斯美生活馆等传承和践行中华文化，令人钦佩之至！癸卯兔年春节前后借助员工回家过年的间隙，组织全体员工分批次开办为期五天的中华文化学习班暨《了凡四训》研习营，并引导员工和企业以2023年为共同的“立命元年”，邀请本书作者乔五星老师为员工及有缘大众专讲《了凡四训》立命之学。我有幸应邀参与一期学习班，并跟学员分享了我对《了凡四训》中较为神秘、易被误解的一些概念、观点和做法的当代化和生活化理解；其间还听到了包括中医和佛教人士在内的众多中华文化熏修者的精彩报告。这些都使我受益匪浅！并深感，这些活动的内容和意义，其实远远超出了探索一个企业长治久荣之道的范畴，而是在探求整个国家的经济社会的长治久荣之道，是在寻求整个人类文明及其宇宙自然的永续发展之道，因而具有更为深远广阔的意义。

我是研习马克思主义哲学的，由于老友朱康有教授的启发引领而悄然走上爱好和研修中华文化之路，于是也有缘结识一些中华文化的研究者、传承者、修证者，文良学长是其中之一。我和康有于2016年合作一部有关《了凡四训》的通俗读物，但书名应该具有一定"冲击性"——"《了凡四训》与共产党人的信仰自觉"，既是对习近平总书记号召传承弘扬中华优秀传统文化并推动其创造性转化和创新性发展的一个实践回应，也是我们试图将中华优秀传统文化与马克思主义相结合、相贯通、相融会的一个初步尝试，总体上是从信仰的角度入手，探索《了凡四训》所蕴含的旧时封建士大夫的"信仰自觉"之于当代中国共产党人"致党性"及共产主义信仰"知行合一"的启迪和意义。为了在思想逻辑上与马克思主义基本原理相衔接，必然涉及到对《了凡四训》中不少带有明显"封建迷信"或"神话""宗教"色彩的概念、故事、表达方式及某些实修实证做法的取舍及转化发展问题，我们在几乎逐字逐句读解《了凡四训》原文的过程中，做了基于自己知识背景、人生经验和熏修中华文化之内心体悟的阐释和拓展，以期对我们九千多万共产党员的坚定信仰、涵养党性乃至党的自我革命发挥积极作用。出版后的反响还是不错的，但由于本人作为第一作者无论在国学界还是在马学界都还不是象牙塔之“塔顶”“大咖”，因而影响甚为有限；这就使它几乎成了一本“写给自己的”书！

但也因此机缘，在接到五星学长这本《帮你读懂〈了凡四训〉》书稿时，就被深深吸引，反复读了几遍，越发对五星学长在后记中说“写这本书，把我写明白了”深有同感；并深觉自己虽撰写了那本书，但其实并没有“写明白”自己。与五星学长不同，我对《了凡四训》没有他那样二三十年的专研功夫，对其各种版本及其更多的考证本、译本、释本等了解也非常有限，特别是对其中的各种改过积善虚谦的立命理法并没有完整的实践体验。但读了这本小册子，才真正发现，《了凡四训》确实并非简单的一部家训，亦非通常宣传的只是一部劝善书，而是集中华立命学问之大成的一部立命学经典！据此，五星学长对经文归纳凝练、条分缕析，梳理出了儒释道三家的立命学、云谷禅师传授给了凡的“再造义理之身”的立命学、了凡先生自己践行的立命学，以及他传授给儿子的“教子版”立命学，还有“精英版”“普及版”“张畏岩版”等，概括了其改过迁善“须自己做个转变”、“发大愿心”、“不动念”“立真志”、“念念谦虚尘尘方便”、“折节自持”深信因果、和悦孝亲等6个立命要点，并一一指出了各种版本立命之学的方便入手之处，从原理到方法再到技术，使得貌似神秘的立命学问对任何人都变得切实可行，最终向读者——各位立志改命的中华圣贤的弟子们，呈现或建构了一个完整的中华立命学学术和话语体系。相信这不只是一个学问体系，它是五星学长自己生命实践的悟道证道的产物，是他生命智慧的结晶，所发言论皆字字真切、句句透心！

至此，我已对五星学长和他的这本微言大义的小册大书深感敬服！希望能够对有缘读到此书的中华传人们起到“惊出一身冷汗”并“须做个转变”的“实学”作用，“老实，听话，真干，自然立起命来”！一个人真正立了真命，一个企业、一个单位、一个劳动组织立了真命，一个政党、一个民族、一个国家立了真命，人类存续就有了新的方向，人类发展就有了新的道路，人类文明就有了新的目标，人类大众的福祉就有了新的保障！改过、积善、虚谦，改命、换命、立命，真行实动起来吧！

是为序。

山东大学马克思主义学院教授　吴文新

癸卯年正月十二日　2023年2月2日

前 言

世上的东西都有个名字，我的这本书叫《帮你读懂〈了凡四训〉》，起这个名字，缘于我学习和想讲授《了凡四训》的经验。

自1996年我30岁时开始读《了凡四训》，我就一直想开一门选修课，给学生讲《了凡四训》。老实说，我一直读不通透《了凡四训》，确切地说，是读不通透《立命之学》，而《立命之学》读不通透，《了凡四训》就讲不明白。我每看见《了凡四训》的书，都会翻一翻，看人家怎么解读《立命之学》的，但是，到现在，也没有见到一本把《立命之学》解读得让我看后能通透的书，基本上都是串解或白话翻译。直到2018年我52岁时，发现《立命之学》云谷禅师系统地讲授了儒、释、道各家的立命之学，还有他集大成的再造义理之身立命之学，我一下子就觉得可以给学生讲明白《立命之学》了。这个发现经过几年的发酵，在2022年岁末我56岁时，觉着可以把这个发现公布于众了。此书的名字就是这样来的。与这个书名相符的，我以为主要是本书独立成文的《为〈了凡四训〉正名》《厘清云谷禅师讲授和传授的立命之学》《厘清了凡先生传承和发展的立命之学》，还有对《立命之学》仔细划分章节和专题解读。

《了凡四训》多有讲鬼神的，此为道家观念，不外借鬼神教人对行恶产生畏心，对积善生出信仰。而了凡先生每次许善数功课完成，以佛家回向形式结课，不过是了凡先生立命初发心是在佛前，以佛家回向形式表不忘立命初心！其立命初心是“报天地祖宗之德”。

宿命，立命，均在因果关系中。宿命，遵循三世因果关系规律；立命，遵循现世因果关系规律。因果关系，完整的表述是因缘果报关系，因到果依靠缘，因缘结合，形成相应的果报。前世恶因，要结今世恶果，需要今世有相应的恶缘。改过，可以转变三世因果关系中促成今世恶果的缘，前世恶因，由于找不到今世相应的恶缘，自然无法结出今世的恶果。但是，那个恶因还在，一遇恶缘，即生恶果。所以，立命者要日日改过，要“念念谦虚，尘尘方便”；积阴德，即种今世的善因，在至诚恳切下种的善因，遇有相应的善缘，必然在今世结出善果。此为立命的基本原理，读者需先知。了凡先生立命的经历富有戏剧色彩，《立命之学》记录不完整，需要看《袁了凡居士传》补充。读者以前述改过、积阴德的立命法，仔细考查了凡先生立命的完整过程，就会发现，了凡先生立命过程是一个完整的范本，当汲取其教训，以助自己立命成功！

乔五星

2022年12月于山西师范大学临汾学院

目　录

第二部分 专题解读

第三部分 《了凡四训》(敬分章节)评注

第一部分　导论

第一章　为《了凡四训》正名

《了凡四训》不是一般意义上的家教书，不是一般意义上的劝善书。《了凡四训》是教人立命的书！是对圣贤立命之学的集大成之作品！是一部系统的、完备的、经典的、无可取代的立命之学的鸿篇巨著！当称之为中华伟大的立命之学！

《了凡四训》的出现，挽救了几乎失传的圣贤立命绝学！传承了圣贤立命的理论和方法！让圣贤立命之学大白于天下！

《了凡四训》的出现，重现了人生教育的两大课题。人生教育本为两大课题：一为立业（立身）教育，一为立命教育。说人生教育存在立命的课题，是因为古来圣贤，没有不重视立命的，儒释道均有立命的理论和方法，散见于经典之中，或不易被后人发现，或不易被后人正确解读。导致立命教育几乎失传；导致立命这一大事件，未纳入后世人生教育课题研究实践的范围；导致人生教育本为双足，一足是立业（立身）教育，一足是立命教育，结果失其一足，成跛足人生教育。

由于不懂得立命，才有怀才不遇者，才有聪明俊秀屡试不第者，才有远大抱负不得实现者，才有经受不住挫折而一蹶不振者，才有守不住富贵者，才有英年早逝者……。此为受跛足人生教育，即只重视立业（立身）教育之害！

立业（立身）为大众所看重，并且孜孜以求，无论个人、家庭、社会，都非常重视立业（立身）。

而对立命问题，不为大众所重视，更谈不上孜孜以求，无论个人、家庭、社会，都不重视立命。

之所以重视立业（立身），是因为都知道立业（立身）对个人、对家庭、对社会的重要性！并且有大量的、现成的教程供取用。

之所以不重视立命，是因为都不知道人生除立业（立身）外，还有一个立命问题！不知道这个问题，是因为不懂得立命的原理、立命的方法。而不懂得，是因为没有现成的、经典的、公认的、人人可取用的教程。

中华伟大立命之学，本为精英教育，自古为一流知识分子中极少数人的学问。是《了凡四训》，把精英教育转为平民教育的，使普罗大众有机会接受立命之学的教育。

举凡有缘见到我为《了凡四训》正名者，其果能生出正信，其人生教育，即能转跛足教育，为两足教育了！说是两足教育，是强调还有立命教育的问题，其实也可以理解为在立命中立业（立身）！

立命之学在《云谷大师传》中称为“唯心立命之旨”。“唯心”者，“问心”也！智、愚，贫、富，贵、贱，老、少，壮、弱，男、女，没有不懂问心的，只不过是需要人教育引导罢了。至此，净化人心，安定社会的教育，除众所周知的道德教育、伦理教育、因果教育、立业教育外，还应该有“立命教育”，而立命教育，又是所有教育的导归之处！

圣贤立命之学的生命力来自历史、来自民间社会，被往圣先贤提炼成立命论，又由明朝时期汇通儒释道之要义的佛家人物云谷大师创立为“立命之学”，是政治生活和民间生活上下相通的一门大学问！是入世之学的究竟法，是出世之学的方便法，是一门人人可学的大学问，是现学现用的实证学问！没有高大上的问题，只是问“存心”而已，具有普世性！

第二章　厘清云谷禅师讲授和传授的立命之学

在《立命之学》中，云谷禅师向了凡先生讲解和传授的立命之学，其中有儒释道的立命论之学，有云谷禅师集儒释道立命论之大成的义理再生之身立命之学，内容分散、繁杂、晦涩难懂，有必要厘清。我把各家立命论集中起来，再分成段，加小标题，这样就形成了各家立命之学体系，让读者一目了然。

我列有各家立命绝学，即“从无思无虑处感格”“不贰”“不动念”“念头不动”“修身以俟之”。均为同意语。最后，我取“不动念”为各家立命绝学总称。称绝学者，取此为各家立命的核心要素，且若了凡先生未记载，则失传之意。读者需细查。由于道家正说因果，所以把云谷禅师讲到的经典中对因果关系的论述，均归入道家。

一、总 论

（一）宿命总论

人未能无心，终为阴阳所缚，安得无数？但惟凡人有数。

（二）立命总论

极善之人，数固拘他不定；极恶之人，数亦拘他不定。

凡祈天立命，都要从无思无虑处感格。

（三）立命方法论——内求法

求在我，不独得道德仁义，亦得功名富贵；内外双得，是求有益于得也。若不反躬内省，而徒向外驰求，则求之有道，而得之有命矣！内外双失，故无益。

二、儒家立命之学

（一）立命论

命由我作，福自己求。《诗》《书》所称，的为明训。

《太甲》曰：天作孽，犹可违；自作孽，不可活。

《诗》云：永言配命，自求多福。

（二）立命绝学——不贰（不动念）

孟子论立命之学，而曰：夭寿不贰。夫夭与寿，至贰者也。当其不动念时，孰为夭，孰为寿？细分之：丰歉不贰，然后可立贫富之命；穷通不贰，然后可立贵贱之命；夭寿不贰，然后可立生死之命。人生世间，惟死生为重，曰夭寿，则一切顺逆皆该之矣。

（三）立命方法（在本分上求）

孟子言：求则得之，是求在我者也。

修身以俟之。

三、道家立命之学

（一）立命论

岂惟科第哉！世间享千金之产者，定是千金人物；享百金之产者，定是百金人物；应饿死者，定是饿死人物。天不过因材而笃，几曾加纤毫意思。即如生子，有百世之德者，定有百世子孙保之；有十世之德者，定有十世子孙保之；有三世二世之德者，定有三世二世子孙保之；其斩焉无后者，德至薄也。

《易》为君子谋，趋吉避凶；若言天命有常，吉何可趋，凶何可避？开章第一义，便说：积善之家，必有余庆。

（二）立命绝学——不动念

符箓家有云：不会书符，被鬼神笑。此有秘传，只是不动念也。执笔书符，先把万缘放下，一尘不起。从此念头不动处，下一点，谓之混沌开基。由此而一笔挥成，更无思虑，此符便灵。凡祈天立命，都要从无思无虑处感格。

（三）立命方法

云谷出功过格示余，令所行之事，逐日登记，善则记数，恶则退除。

汝今扩充德性，力行善事，多积阴德。

四、佛家立命之学

（一）立命论

我教典中说：求富贵得富贵，求男女得男女，求长寿得长寿。夫妄语乃释迦大戒，诸佛菩萨，岂诳语欺人？

汝不见六祖说：一切福田，不离方寸；从心而觅，感无不通。

（二）立命绝学——念头不动

汝未能无心，但能持《准提咒》，无记无数，不令间断，持得纯熟，于持中不持，于不持中持。到得念头不动，则灵验矣。

（三）立命方法

发大愿心。

且教持《准提咒》，以期必验。

五、义理再生之身立命之学

（一）立命论

汝今既知非，将向来不发科第，及不生子之相，尽情改刷；务要积德，务要包荒，务要和爱，务要惜精神。从前种种，譬如昨日死；从后种种，譬如今日生。此义理再生之身也。夫血肉之身，尚然有数；义理之身，岂不能格天！

孔先生算汝不登科第、不生子者，此天作之孽，犹可得而违；汝今扩充德性，力行善事，多积阴德，此自己所作之福也，安得而不受享乎？

（二）立命绝学——修身以俟之

至修身以俟之，乃积德祈天之事。

凡祈天立命，都要从无思无虑处感格。

汝未能无心，但能持《准提咒》，无记无数，不令间断，持得纯熟，于持中不持，于不持中持。到得念头不动，则灵验矣。

（三）立命方法

汝自揣应得科第否？应生子否？因将往日之罪，佛前尽情发露。

曰修，则身有过恶，皆当治而去之；曰俟，则一毫觊觎，一毫将迎，皆当斩绝之矣。到此地位，直造先天之境，即此便是实学。

汝今扩充德性，力行善事，多积阴德，此自己所作之福也，安得而不受享乎？

且教持《准提咒》，以期必验。

（四）起信

汝信得及否？余信其言，拜而受教。

（五）发大愿心

以报天地祖宗之德。

云谷禅师讲授了儒释道的立命之学，但是，传授了凡先生的立命之学，则是他集儒释道立命之学大成的义理再生之身立命之学。

第三章　厘清了凡先生传承和发展的立命之学

了凡先生传承和发展了云谷禅师所授的义理再生之身立命之学。具体内容为《立命之学》文末他教子立命部分和《谦德之效》。发展之处为：在改过方面提炼出“谦德”一善的重要性，要求“念念谦虚，尘尘方便”，“务要日日知非，日日改过”。在运用“不动念”的技术方面，用立真志替代持准提咒，此其一；其二是将云谷禅师义理再生之身立命之学中突出的儒家的“修身以俟之”，用道家的“受福之基”——“由此观之，举头三尺，决有神明；趋吉避凶，断然由我。须使我存心制行，毫不得罪于天地鬼神，而虚心屈己，使天地鬼神，时时怜我，方有受福之基。彼气盈者，必非远器。纵发亦无受用。稍有识见之士，必不忍自狭其量，而自拒其福也。况谦则受教有地，而取善无穷，尤修业者所必不可少者也。”替代。而对立举业之命者，在发大愿心方面，强调以服务国家为本，即孟子曰：“王之好乐甚，齐其庶几乎！”余于科名亦然。了凡先生在《立命之学》发表之后，即69岁到74岁之间，在立命学问上，道家色彩更浓厚一些，形成《谦德之效》一文。通过对《谦德之效》与《立命之学》文末教子立命部分做比较，可以有这样的发现。所以，我推定，《谦德之效》一文晚于《立命之学》，道者教张畏岩立命的例证，对了凡先生写作《谦德之效》产生直接的影响，启发他深刻反省自己立命实证过程中，骄傲之过向谦之一德彻底转变的问题，由此得出精英人物要立命须做到“人之有志，如树之有根，立定此志，须念念谦虚，尘尘方便，自然感动天地，而造福由我。”的结论。

一、了凡先生教子再造义理之身立命法

（一）从立信起教

《书》曰：“天难谌，命靡常。”又云：“惟命不于常。”皆非诳语。吾于是而知，凡称祸福自己求之者，乃圣贤之言；若谓祸福惟天所命，则世俗之论矣。

（二）教谦卑是下手处

汝之命，未知若何？即命当荣显，常作落寞想；即时当顺利，当作拂逆想；即眼前足食，常作贫窭想；即人相爱敬，常作恐惧想；即家世望重，常作卑下想；即学问颇优，常作浅

陋想。

（三）教发愿心

远思扬祖宗之德，近思盖父母之愆；上思报国之恩，下思造家之福；外思济人之急，内思闲己之邪。

（四）教改过是日常功课

务要日日知非，日日改过。一日不知非，即一日安于自是；一日无过可改，即一日无步可进。天下聪明俊秀不少，所以德不加修，业不加广者，只为“因循”二字，耽搁一生。

（五）教持准提咒做豪杰

云谷禅师所授立命之说，乃至精至邃至真至正之理（笔者注：或指凡祈天立命，都要从无思无虑处感格和发大愿心。），其熟玩（笔者注：或指持准提咒）而勉行之，毋自旷也。

二、了凡先生普及版再造义理之身立命法

（一）起信

《易》曰：“天道亏盈而益谦；地道变盈而流谦；鬼神害盈而福谦；人道恶盈而好谦。”是故，谦之一卦，六爻皆吉。《书》曰：“满招损，谦受益。”

余屡同诸公应试，每见寒士将达，必有一段谦光可掬。

举头三尺，决有神明；趋吉避凶，断然由我。

（二）立真志（替代持准提咒）

古语云：“有志于功名者，必得功名；有志于富贵者，必得富贵。”人之有志，如树之有根。立定此志，须念念谦虚，尘尘方便，自然感动天地，而造福由我。

（三）夯实受福之基（替代儒家修身以俟之）

须使我存心制行，毫不得罪于天地鬼神，而虚心屈己，使天地鬼神时时怜我，方有受福之基。

稍有识见之士，必不忍自狭其量，而自拒其福也。

况谦则受教有地，而取善无穷，尤修业者所必不可少者也。（以上为正面劝）

彼气盈者，必非远器。纵发，亦无受用。

今之求登科第者，初未尝有真志，不过一时意兴耳，兴到则求，兴阑则止。（以上为反面劝）

（四）发大心愿

孟子曰：“王之好乐甚，齐其庶几乎！”余于科名亦然。

（五）立命方法

立定此志，须念念谦虚，尘尘方便。

第四章 《了凡四训》概要

一、人生要有好导师

了凡先生是个儒生，但是，他的人生导师却不是儒家人物。大概是在他15岁左右，巧遇道家人物孔先生，传他《皇极数》，此学问可以准确推算一个人的宿命，即预判一个人的职业趣向和吉凶祸福，孔先生影响了凡先生到36岁。36岁时，了凡先生拜访云谷禅师，云谷禅师传授他改变宿命的学问，即立命的学问，自此他受云谷禅师的影响到终老，他活了74岁，云谷禅师影响了他38年。云谷禅师成为了凡先生的人生导师。孔先生准确预判了他的宿命，而云谷禅师彻底改变了孔先生对他的预判。了凡先生掌握了两门学问，一门是断人生死的学问，一门是改变人生死的学问。晚年时，他考虑把自己掌握的立命学问传授给他的儿子，写了一篇文章，就是《了凡四训》中的《立命之学》，写于69岁，由此，圣贤立命的学问得以传承和发展。

了凡先生的辉煌一生，得益于有人生导师云谷禅师。启发后人，人生一定要有好导师！人生导师可以是经典，可以是往圣先贤，可以是今世的大德。

了凡先生和《了凡四训》有资格成为学习者入世的人生导师！

二、了凡先生对云谷禅师传授的立命之学的发展和创新

晚年，了凡先生总结自己立命的得失，他老人家在立命过程中有两件事不能不提，一是他随军援朝，对提督李如松发生犯颜之谏，二人关系破裂，李带兵出走，导致他几乎被陷入绝境；二是由此引发的，李对他的诬陷弹劾，导致他被罢职归乡。这两件事在他的传记中有记载。这样的挫折，缘于他老人家有“不能容人”“余善怒”“时或以才智盖人，直心直行，轻言妄谈”的性格，在立命中没有彻底做个转变，遇到李如松这一恶缘，未能行方便法，诱发出了大脾气，此性格特征，说白了，是他骄傲的一面。我们看《积善之方》中记载的“鄞人杨自惩”是怎么归劝领导的，杨自惩好了领导，也好了自己。了凡先生直指领导错误，全然不顾领导的感受。所以，他在教子立命中，强调谦卑的重要性，在《谦德之效》中进一步提出“念念谦虚，

尘尘方便”的立命法。

在对及第儒生考前神态与及第印证考查的统计，尤其是他获得了儒生张畏岩立命过程的材料，总结自己立命的教训，进一步创新他教子立命的学问，又形成一门丰富的、完备的、简明的、行之有效的立命学问，就是《了凡四训》中的《谦德之效》。可以称之为了凡普及版的义理再生之身立命之学！（针对有值得骄傲之处的精英人物）

三、《了凡四训》有四个版本的立命学问

——云谷禅师再造义理之身的立命学问。在《立命之学》中，通过了凡先生与云谷禅师的对话反映出来。此部分内容最丰富、最复杂、最难懂，但是，最完备，包括儒释道的各家的立命法和云谷禅师集大成而创新的再造义理之身立命法。读《了凡四训》未掌握立命学问的，都是因为对这部分内容似懂非懂，或者说就没有读懂过。使得《了凡四训》仍然为小众用，而不能普及大众。对这部分内容的解读，我做了三方面功课，一是敬分章节，把云谷禅师讲授和传授的一揽子立命学问，剥离出儒、释、道立命之学和云谷禅师义理再生之身立命之学，解决了复杂和难懂的初步问题；二是写出了导论，为《了凡四训》正名，把《了凡四训》从善书中剥离开来，成独立的一门学问，即

圣贤立命之学！厘清了儒释道各家的立命之学和云谷禅师集大成而创新的再造义理之身立命之学；三是专题解读，并且对持准提咒一事，作出特别的解读。

云谷禅师版的立命之学的具体方法：一反省悔过；二修身以俟之；三广积阴德；四将“有心”转换成“存心”，即发大愿心；四持准提咒，辅助“修身以俟之”和将“有心”转换成“存心”，同时也是达“无心”法。而成败在细节上——“修身以俟之，曰修，则身有过恶，皆当治而去之；曰俟，则一毫觊觎，一毫将迎，皆当斩绝之矣”。以上方法以对立命之学深信不疑为前提。

——了凡教子版的再造义理之身立命学问。在《立命之学》文末。由于读不明白云谷禅师传授的立命学问，所以，读到了凡先生教子这一部分，读者感到稀松平常，不能引起重视。而这一部分内容，却是了凡先生对云谷禅师传授的立命之学发展的立命法，由于是传授儿子的，当然为真传，所以，为特别重要。厘清云谷禅师传授的一揽子立命学问，自然就读懂了了凡先生教子的立命学问了。

了凡教子版的立命学问的创新之处，是从谦卑处下手和日日改过处立命。为什么做这样的创新？需要读《袁了凡居士传》，考查了凡先生对官职立命的挫折和重新立官职之命的经历。

——了凡普及版的再造义理再生之身立命学问。就是《谦德之效》，其核心是夯实“受福之基”和“立定此志，须念念谦虚，尘尘方便”，同时要发大愿心，即孟子曰：“王之好乐甚，齐其庶几乎！”余于科名亦然。是对其教子版立命学问的再创新之作。此立命学问倾向于向有值得骄傲一面的精英人物普及。

——张畏岩版（道者）的自己做个转变立命学问。就是《谦德之效》中张畏岩事例，是了凡先生转述的，由于为道者传授，同时有“科第阴间三年一考较”之说，也可以称为“道者须自己做个转变立命之学”。在统共四篇立命之学中，为最简约的学问。其核心是“须自己做个转变”。

云谷禅师版的，为大众版的立命之法，人人可以适用，学习者要悉心体会，老实印证！其他版的立命之法，适用于精英人物，即有值得骄傲之处的人物，则更容易立竿见影。

四、立命的要点分析——在本分上立命

综合考量四个版本的立命学问，共同之处是“须自己做个转变”，即改过迁善、扩充德性和多积阴德。此为立命要点之一。

除张畏岩版的立命学问没有提示发大心愿外，其他都很重视发大心愿。重视发大心愿，为云谷禅师提出的

再造义理之身的内在要求，均以云谷禅师版为基础。发大愿心，是要立命者拷问自己立命的动机和目的，亦即拷问立命的初心和使命，并且做到不忘立命初心、牢记立命使命。发大心愿问题，其实就是存心问题，立论依据是“一切福田，不离方寸”“积善之家，必有余庆”。了凡先生回向一节，就是在表达自己不忘“以报天地祖宗之德” 的立命初心和使命！发大心愿（存心）为立命要点之二。

云谷禅师版提示“不动念”为立命的要窍，通过持准提咒实现。那么，与准提咒无缘者怎么办？了凡先生用“立真志”替代持准提咒，叫做“立定此志”。立真志或持准提咒为立命要点之三。

分析了凡先生立命过程中发生的与提督李如松的冲突，缘于了凡先生还有一个傲字没有转变彻底的问题，结合了凡先生晚年体悟“谦德”在立命中发挥的作用，再结合王阳明先生“谦者众善之基，傲者众恶之魁”“人生大病，只是一个傲字”的论述，可以得出这样一个结论，聪明俊秀之人立命而有瑕疵者，大概还有一个“傲”字被藏了起来。所以，“须念念谦虚，尘尘方便”为立命要点之四。

云谷禅师教了凡先生立命，先问了凡先生“汝信得及否？”了凡先生教子立命，“《书》曰：天难谌，命靡常。又云：惟命不于常，皆非诳语。吾于是而知，凡称祸福自己求之者，乃圣贤之言。若谓祸福惟天所命，则世俗之论矣。”以自己立命的实证，告诉儿子要对“祸福自己求”深信不疑，也是从“信”起教。道者教江阴张畏岩立命，“张不觉屈服，因就而请教焉”“张由此折节自持”，仍然是“信”字当先。《谦德之效》“今之求登科第者，初未尝有真志，不过一时意兴耳；兴到则求，兴阑则止。” 此处的“真志”，即“真信”！所以，对现实善恶报应因果关系和立命之学要深信不疑，为立命要点之五。

《积善之方》“家之父兄，国之君长，与凡年高、德高、位高、识高者，皆当加意奉事。在家而奉侍父母，使深爱婉容，柔声下气，习以成性，便是和气格天之本。出而事君，行一事，毋谓君不知而自恣也；刑一人，毋谓君不知而作威也。事君如天，古人格论，此等处最关阴德。试看忠孝之家，子孙未有不绵远而昌盛者。”“格天”“格论”，均指立命。儒家“孝悌也者，其为仁（人）之本欤”（《论语·学而篇》），儒家以孝、悌、忠为人的本分。即在孝、悌、忠上立命。此节是说，在本分上立命！“家之父兄，国之君长，与凡年高、德高、位高、识高者，皆当加意奉事。”此讲“悌道”。“在家而奉侍父母，使深爱婉容，柔声下气，习以成性。”此讲“孝道”。“出而事君，行一事，毋谓君不知而自恣也。刑一人，毋谓君不知而作威也。”此讲“忠道”。孝、悌、忠，为儒家五伦关系生出的五常之德的代表！“五伦”

即五种人际关系，由此生出各自的角色（本分），和角色（本分）应尽的义务（德）。格言“道是相对而生，绝对而行的。”此处的“相对而生的道”即角色（本分）：或父、或子；或兄、或弟；或夫、或妻；或君、或臣；或朋、或友。此处的“绝对而行的”即为：父慈、子孝；夫义、妻顺；兄友、弟恭；君仁、臣忠；朋信、友实。也可以理解为在岗位上立命，即家庭中的岗位和在社会上的岗位！在本分上立命为要点之六，离此立命，均要落空，所以，为立命要点中，最为紧要之处！对此，学习者不可不知！

五、立命与宿命，立命与立业（立身）

——立命是相对宿命而言的。儒释道均重视立命，以福自己求，改变宿命。《论语·学而篇》：“孝悌也者，其为仁（人）之本欤”，——儒家以人的“本分”（五伦关系）立命。

《太上感应篇》“太上曰：祸福无门，惟人自召；善恶之报，如影随形。”由于《易经》为群经之首，而善恶因果报应，鬼神与人的祸福关系，均为道家学问，所以，在立命之学上，可以考虑把《易经》中的善恶因果报应，鬼神与人的祸福关系，归属于道家，——道家以善恶报应（因果关系）立命。

《金刚经》“世尊！善男子、善女人发阿耨多罗三藐三菩提心，云何应住？云何降伏其心？”——佛家以发大愿心（存心）和应住其心、降伏其心立命（转分别心为存心），即从五伦关系、因果关系中提取公因数：人心。亦即直指人心（真心、本性、自性、无上正等正觉）立命。被后世演变为通俗的说法：“存好心，说好话，做好人！”

揭示以上关系，以明了儒释道各家立命论的切入不同。对此《立命之学》均有反映。

——立命与立业（立身）。这里的立业（立身），一方面是指宿命中的穷通、贵贱等，可以用职业概括，通过立命，改变宿命中的职业。另一方面是对不相信人有宿命者言，揭示这个关系，是强调人要通过立命而立业（立身）！人以职业立身，所以立业与立身为同意语。

六、《了凡四训》道家色彩浓厚

纵观《了凡四训》，云谷禅师主要传授了凡先生的是以善恶报应的因果关系为立命的基础，此为道家正说。同时借鉴佛家发大愿心的立命法和持咒（解决应住问题）以降伏其心的方法，传授了凡先生持准提咒和方法，要了凡先生在儒家本分上发入世的大愿心。最后集儒释道立命之大成，创新提出再造义理之身的立命之学。总体言，云谷禅师虽然是佛家人物，但是，就他传授的立命学问，道家色彩更浓厚一些。

了凡先生每一次立命，均许善数多少。为什么？《太上感应篇》“欲求天仙者，当立一千三百善。欲求地仙者，当立三百善。”大概率是源于此。这也是《了凡四训》道家色彩浓厚之处。为什么不要求儿子许善数？《立命之学》“适幻余禅师自五台来，余以梦告之，且问此事宜信否？师曰：善心真切，即一行可当万善。”或源于此。

《了凡四训》讲鬼神处不少，比如《改过之法》中“天地在上，鬼神难欺，吾虽过在隐微，而天地鬼神，实鉴临之。重则降之百殃，轻则损其现福。吾何可以不惧？不惟是也。闲居之地，指视昭然，吾虽掩之甚密，文之甚巧，而肺肝早露，终难自欺。”“顾发愿改过，明须良朋提醒，幽须鬼神证明。”《谦德之效》中“《易》曰：天道亏盈而益谦；地道变盈而流谦；鬼神害盈而福谦。”“如敬字者乎？人能如此，即天地鬼神，犹将佑之，岂有不发者？”“由此观之，举头三尺，决有神明；趋吉避凶，断然由我。须使我存心制行，毫不得罪于天地鬼神，而虚心屈己，使天地鬼神时时怜我，方有受福之基。”，这些均为道家浓厚色彩。《积善之方》例证中，鬼神也不少，还有道家人物出现。而特别重要的两个例证，一为《积善之方》中的“莆田林氏，先世有老母好善。”一为《谦德之效》中的“江阴张畏岩”

一节，均是道家人物主导。这也是《了凡四训》道家色彩浓厚之处。

七、《了凡四训》的学习重点

《了凡四训》是后人将了凡先生的四篇独立文章汇编一起，其实作为家训的，只是《立命之学》，来自了凡先生用于教子的《立命篇》，为了凡先生晚年的作品。

而传授完整立命学问的，只有《立命之学》和《谦德之效》。《谦德之效》来自其晚年作品《谦虚利中》。

《改过之法》与《积善之方》是了凡先生编著的《祈嗣真诠》中“改过第一”和“积善第二”，但是，不能局限于立生子之命的方法。二者均为立命的具体方法。

《改过之法》为了凡先生改过实证的心得报告，而《积善之方》却是了凡先生对《易经》“积善之家必有余庆”命题的发挥，当然有他自己积善的心得，此部分内容很多，但是，重点是要后人对“积善之家必有余庆”深信不疑，形成信仰。而就文字部分，需要对善与不善的辨识部分重视。至于十则例证，需要后人反复玩味、揣摩、仿效，举一反三。

就具体立命的实证方法，有愿意在改过上立命的；有愿意在积善上立命的；有愿意在兼顾改过和积善上立命的，或侧重于一方面立命的。供立命者实证时选用和体悟，但是，立命要彻底，需在改过上做到彻底。

学习《了凡四训》重点在《立命之学》和《谦德之效》，其次是《改过之法》。这样划分重点的标准，是以立命的方法论"内求"为依据的。

《立命之学》《改过之法》《谦德之效》为体，《积善之方》为用。后者可谓对云谷禅师教导的发大愿心的落实！勇做豪杰者，大用于国家、中用于社会、小用于家庭，方能立命！但是，实证时要从小处着手，即从修身、齐家起步！从单位岗位上起步！当代人的烦恼都集中在家庭，其次集中在单位！改过、积善在这两个地方，具体的方法是找别人的好处，认自己的不是，在家庭做义工，在单位做义工，任劳任怨，无怨无悔！"没有外功，不结内果"，改过为内果，积善为外功，二者相辅相成。

第五章　云谷大师传(敬分节次)
——中华伟大立命之学的集大成者

(明)憨山德清　撰

一、幼志出世

师讳法会，别号云谷，嘉善胥山怀氏子。生于弘治庚申，幼志出世，投邑大云寺某公为师。

二、出家以生死大事为切

初习瑜伽(注：专为修福、荐亡的法事)，师每思曰："出家以生死大事为切，何以碌碌衣食计为？"

年十九，即决志操方(注：行脚参方)，寻登坛受具。

闻天台小止观法门，专精修习。

三、舟授以念佛审实话头

法舟济禅师，续径山(注：指南宋临济宗大慧禅师)

之道，掩关于郡之天宁。师往参扣，呈其所修。舟曰：“止观之要，不依身心气息，内外脱然。子之所修，流于下乘，岂西来的意耶？学道必以悟心为主。”

师悲仰请益，舟授以念佛审实话头，直令重下疑情。

师依教日夜参究，寝食俱废。

一日受食，食尽亦不自知，碗忽堕地，猛然有省，恍如梦觉。

复请益舟，乃蒙印可。

四、大悟唯心之旨

阅《宗镜录》，大悟唯心之旨。

从此一切经教，及诸祖公案，了然如睹家中故物。

五、陆沉贱役

于是韬晦丛林，陆沉贱役。

六、礼拜经行终身不懈

一日阅《镡津集》，见明教大师（北宋云门宗僧契嵩）护法深心，初礼观音大士，日夜称名十万声。师愿效其行，遂顶戴观音大士像，通宵不寐，礼拜经行，终身不懈。

七、初至金陵见者称异

时江南佛法禅道，绝然无闻。

师初至金陵，寓天界毘卢阁下行道，见者称异。魏国先王闻之，乃请于西园丛桂庵供养，师住此入定三日夜。居无何（注：不久），予先太师祖西林翁，掌僧录，兼报恩住持，往谒师，即请住本寺之三藏殿。师危坐一龛，绝无将迎，足不越阈（注：门槛）者三年，人无知者。偶有权贵人游至，见师端坐，以为无礼，谩辱之。师曳杖之（注：前往）摄山栖霞。

八、影不出山

栖霞乃梁朝开山，武帝凿千佛岭，累朝赐供赡田地。道场荒废，殿堂为虎狼巢。师爱其幽深，遂诛茅（注：除荒草居住）于千佛岭下，影不出山。时有盗侵师，窃去所有，夜行至天明，尚不离庵。人获之，送至师。师食以饮食，尽与所有持去，由是闻者感化。

九、举嵩山善公

太宰五台陆公，初仕为祠部主政，访古道场，偶游栖霞，见师气宇不凡，雅重之。信宿（注：连宿两夜）山中，欲重兴其寺，请师为住持。师坚辞，举嵩山善公以应命。善公尽复寺故业，斥豪民占据第宅，为方丈、建禅堂、开讲席、纳四来。江南丛林肇于此，师之力也。

十、从来接人软语低声

道场既开，往来者众，师乃移居于山之最深处，曰“天开岩”，吊影如初。

一时宰官居士，因陆公开导，多知有禅道，闻师之风，往往造谒。凡参请者，一见，师即问曰：“日用事如何？”无论贵贱僧俗，入室必掷蒲团于地，令其端坐，返观自己本来面目，甚至终日竟夜无一语。临别必叮咛曰：“无空过日。”再见，必问别后用心功夫，难易若何。故荒唐者，茫无以应。

以慈愈切而严益重，虽无门庭设施，见者望崖不寒而栗。然师一以等心相摄，从来接人软语低声，一味平怀，未尝有辞色。

士大夫归依者日益众，即不能入山，有请见者，师以化导为心，亦就见（注：下山参见众人）。

岁一往来城中，必主于回光寺。每至，则在家二众，归之如绕华座。师一视如幻化人，曾无一念分别心。故亲近者，如婴儿之傍慈母也。

出城多主于普德，瞿鹤悦公实禀其教。

十一、熟味此，即知僧之为贵

先太师翁，每延入丈室，动经旬月。予童子时，即亲近执侍，辱师器之，训诲不倦。

予年十九，有不欲出家意。师知之，问曰："汝何背初心耶？"予曰："第厌其俗耳。"师曰："汝知厌俗，何不学高僧？古之高僧，天子不以臣礼待之，父母不以子礼畜之。天龙恭敬，不以为喜。当取《传灯录》《高僧传》读之，则知之矣。"予即简书笥，得《中峰广录》一部，持白师。师曰："熟味此，即知僧之为贵也。"予由是决志薙染（注：出家），实蒙师之开发，乃嘉靖甲子岁也。

十二、指示向上一路

丙寅冬，师愍禅道绝响，乃集五十三人，结坐禅期于天界。师力拔予入众同参，指示向上一路，教以念佛审实话头，是时始知有宗门事（注：指禅宗参究向上，悟明心地之事）。比（注：合）南都（注：南京）诸刹，从禅道者四五人耳。

十三、无缘慈也

师垂老，悲心益切。虽最小沙弥，一以慈眼视之，遇之以礼，凡动静威仪，无不耳提面命，循循善诱，见者人人以为亲己。

然护法心深，不轻初学，不慢毁戒。

诸山僧多不律，凡有干法纪者，师一闻之，不待求而往救，必恳恳当事（注：当政者），佛法付嘱王臣为外护，惟在仰体佛心，辱僧即辱佛也。闻者莫不改容释然，必至解脱而后已，然竟罔闻于人者。故听者，亦未尝以多事为烦。久久，皆知出于无缘慈也。

十四、传了凡袁公唯心立命之旨

了凡袁公未第时，参师于山中，相对默坐三日夜，师示之以唯心立命之旨。公奉教事，详《省身录》。由是师道日益重。

十五、当思他日将何以见父母师友

隆庆辛未，予辞师北游。师诫之曰："古人行脚，单为求明己躬下事，尔当思他日将何以见父母师友，慎毋虚费草鞋钱也。"予涕泣礼别。

十六、未常树立门庭

壬申春，嘉禾吏部尚书默泉吴公、刑部尚书旦泉郑公、平湖太仆五台陆公与弟云台，同请师故山（注：归乡，修老于山中）。诸公时时入室问道，每见必炷香请益，执弟子礼。达观可禅师，常同尚书平泉陆公、中书思庵徐公，谒师扣《华严》宗旨。师为发挥四法界圆融之妙，皆叹未曾有。

师寻常示人，特揭唯心净土法门，生平任缘，未常树立门庭。诸山但有禅讲道场，必请坐方丈。至则举扬百丈规矩，务明先德典刑（注：准绳），不少假借。

居恒安重寡言，出语如空谷音。

定力摄持，住山清修，四十余年如一日，胁不至席。

终身礼诵，未尝辍一夕。

当江南禅道草昧（注：初创）之时，出入多口之地，始终无议之者，其操行可知已。

十七、以大火发示寂

师居乡三载，所蒙化千万计。一夜，四乡之人，见师庵中大火发。及明趋视，师已寂然而逝矣，万历三年乙亥正月初五日也。师生于弘治庚申，世寿七十有五，僧腊五十。弟子真印等，荼毗葬于寺右。

十八、未见操履平实真慈安详之若师者

予自离师，遍历诸方，所参知识，未见操履平实、真慈安详之若师者。

每一兴想，师之音声色相，昭然心目。以感法乳之深，故至老而不能忘也。

师之发迹入道因缘，盖常亲蒙开示。第末后一着，未

知所归。前丁巳岁，东游，赴沈定凡居士斋。礼师塔于栖真，乃募建塔亭，置供赡田，少尽一念。

见了凡先生铭未悉，乃概述见闻行履为之传，以示来者。

师为中兴禅道之祖，惜机语失录，无以发扬秘妙耳。

十九、一代人天师表

释德清曰：达摩单传之道，五宗而下，至我明径山之后，狮弦（注：喻如来正法眼藏）将绝响矣。

唯我大师，从法舟禅师，续如线之脉。虽未大建法幢，然当大法草昧之时，挺然力振其道，使人知有向上事。

其于见地稳密，操履平实，动静不忘规矩，犹存百丈之典刑。

遍阅诸方，纵有作者（注：指出世弘法者），无以越之。

岂非一代人天师表欤！

清愧钝根下劣，不能克绍家声，有负明教。至若荷法之心，未敢忘于一息也。

敬述师生平之概，后之观者，当有以见古人云。

评注：学习《了凡四训》的，都知道云谷禅师，但是，不认识云谷禅师。需反复读诵《云谷大师传》以认识。本书列《云谷大师传》，不因其出世法，而是因入世法。云谷大师，在入世法与出世法均有极高成就，此传记专讲其出世法的成就，集中在："一夜，四乡之人，见师庵中大火发。及明趋视，师已寂然而逝矣。"即以"大火发"示寂，所谓"大火"，即为"发大红光"。而就入世法的成就，用一句话带出："了凡袁公未第时，参师于山中，相对默坐三日夜，师示之以唯心立命之旨。公奉教事，详《省身录》。""师示之以唯心立命之旨"为其入世的成就，记录在了凡先生著的《省身录》（1601年有单刻本），即为《了凡四训》首篇"立命之学"的原型。我在《为〈了凡四训〉正名》一文，判定《了凡四训》为立命之学，那么，此学问即由云谷大师创立！因为他是儒释道立命之学的集大成者！依此传记，云谷大师创立的这一学问，全称应为"唯心立命之学"！到此，我们就知道了，中华伟大的立命之学的开山鼻祖是明代中兴禅道的云谷禅师！

《印光法师文钞·募修云谷禅师塔院序》："师乘宿愿力，于弘治十三年，示生嘉善胥山怀氏。幼入法门，彻悟自性。平生所修，虽注重于禅，而于性相诸宗，儒道心要，无不融会贯通。故能于禅教衰颓，儒道晦昧之际，俾宗风丕振，心法昭明。其于世道人心，裨益良非浅鲜。得其传而融通儒释，使灵山泗水心法俱彰者，僧则憨山大师，俗则了凡袁公，为最显著之人也。"

印光大师所言可证明：了凡先生得云谷禅师儒释道入世法要融通之真传！

第六章 袁了凡居士传(敬分节次)
——中华伟大立命之学的实证者和第一传播者

(清)彭绍升 撰

一、了凡祖籍并出生地

袁了凡先生,名黄,字坤仪,江南吴江人。了凡之先(注:先祖)赘(入赘)嘉善殳氏,遂补嘉善县学生。

二、了凡立命而得的功名和富贵

隆庆四年举于乡,万历十四年(1586年)成进士,授宝坻知县。

后七年擢(注:提拔)兵部职方司主事(注:秩正六品)。会朝鲜被倭难,来乞师。经略宋应昌奏了凡军前赞画兼督朝鲜兵。

三、了凡遇恶缘大考未过关

提督李如松以封贡绐(注:欺诈)倭,倭信之,不设备。如松遂袭破倭于平壤。了凡面折（注：当面批评、指责）如松，不应行诡道，亏损国体。而如松麾下又杀平民为首功，了凡争之强。如松怒，独引兵而东。

倭袭了凡，了凡击却之。

四、了凡所立官职的命被夺

而如松军果败，思脱罪，更以十罪劾了凡。而了凡旋以拾遗（注：谏官）被议，罢职归。

五、了凡二次立官职的命

居常善行益切，年七十四终。

熹宗朝，追叙征倭功，赠尚宝司少卿（注：从五品的官职）。

六、了凡立命以报天地祖宗之德

了凡自为诸生，好学问，通古今之务，象纬律算兵政河渠之说，靡不晓练。

其在宝坻，孜孜求利民。县被潦，了凡乃濬三汊河，筑堤以御之。又令民居海岸植柳，海水挟沙上，遇柳而淤，久之成堤。治沟塍，课耕种，旷土日辟。省诸徭役以便民。

七、了凡一生奉行云谷禅师立命之学不敢懈怠

家不富而好施。

居常诵持经咒，习禅观，日有课程。公私遽冗，未尝暂辍。

八、将云谷禅师开创的立命之学传播后世

著《戒子文》四篇行于世。

九、了凡立命还得妻贤

夫人贤，常助之施。亦自记功行，不能书，以鹅翎茎渍朱，逐日标历本。或见了凡立功少，辄颦蹙。

十、了凡深信积善之家必有余庆

尝为子制冬袄，将买花絮。

了凡曰："丝绵轻暖，家中自有，何必买絮？"

夫人曰："丝贵花贱，我欲以贵易贱，多制絮衣，以衣冻者耳！"

了凡喜曰："若如是，不患此子无禄矣！"

子俨后亦成进士，终高要知县。

评注：《袁了凡居士传》要与《立命之学》《谦德之效》合参。

——与《立命之学》合参，可考查了凡先生立命的完整过

程。一，了凡先生发大愿心立命，且已经改变了宿命，怎么还会被罢官？二，被罢官后，了凡先生是否又立命？孔先生推算了凡先生官职不超过四川一大尹，且任职期限为三年半。了凡先生立命后，改变了这一宿命。但是，官职不超过四川一大尹的宿命的因还在，遇有相应的恶缘，仍然要结出相应的恶果来。了凡先生在援朝战争中，与李如松直面冲突，发了脾气，导致李对他诬陷弹劾，此皆为恶缘，与官职不超过四川一大尹的宿命的因一结合，自然结出被罢官的恶果。到此，了凡先生立的官职的命，因其发脾气而轰然塌陷，又回归宿命。

——与《谦德之效》合参，会发现了凡先生为什么在晚年独独推崇谦德对立命的重要性。了凡先生与李如松冲突本可避免，但是，他骄傲的习气未彻底改变，冲突缘于他的傲气。罢官后，了凡先生痛定思痛，发现了问题症结，开始力行“念念谦虚，尘尘方便”立命法，骄傲的习气被彻底转变，后被朝廷平反，又追授官衔，到此，又立起了官职的命，宿命二次被改变。

——由此可见，立命不是一蹴而就、一劳永逸，稍有不慎，恶缘一现，所立的命功亏一篑。所以，了凡先生教子立命，特别强调谦德的重要性，特别强调要日日改过，日日知非，这里的过和非，均指自己个性、性格、习气等方面的过恶。而在《谦德之效》中，提炼出“念念谦虚，尘尘方便”的立命法。“念念谦虚”，指在心念上改变自己的过恶，要铲除过恶的根。“尘尘方便”，指在时时、处处、事事上，防止已被转变的过恶死灰复燃，要容人、容事、容物，且能容还能化。一句话，不跟任何人事物搞对立！

读了凡先生传，得一结论：了凡先生立命的大愿心是“以报天地祖宗之德”，他老人家做到了！最为可贵者，没有《了凡四训》的传世，中华伟大的立命之学即不得传承与光大！了凡先生是中华伟大立命之学的实证者和第一传承人！

第七章 印光大师《了凡四训》序（敬分节次）

一、圣狂之分，在乎一念

圣贤之道，唯诚与明。

圣狂之分，在乎一念。

圣罔念则作狂，狂克念则作圣。其操纵得失之象，喻如逆水行舟，不进则退。不可不勉力操持，而稍生纵任也。

评注：《了凡四训》是中华伟大立命之学，立命为圣贤之道，宿命为凡夫之道，所以印祖开篇即做“圣狂之分”，“狂”为凡夫的代称，以明白无误的告诉发心立命者，立命之学是学做圣贤的学问。而“圣狂之分，在乎一念”，“罔念”则作狂，“克念”则作圣。又明白无误的告诉发心立命者，“克念”是立命的要义。又明白无误的告诉立命者，“克念”如逆水行舟，不进则退，不可不勉力操持，而稍生纵任。开门见山，一语道破，凡发心立命者不可不警觉！此节可做印祖为了凡先生《谦德之效》中“立定此志，须念念谦虚，尘尘方便”做印证！

二、徒具作圣之心，永沦下愚之队

须知诚之一字，乃圣凡同具，一如不二之真心。

明之一字，乃存养省察，从凡至圣之达道。

然在凡夫地，日用之间，万境交集。一不觉察，难免种种违理情想，瞥尔而生。此想既生，则真心遂受锢蔽。而凡所作为，咸失其中正矣。

若不加一番切实工夫，克除净尽，则愈趋愈下，莫知底极。徒具作圣之心，永沦下愚之队，可不哀哉。

评注：立命之学，难在“明”上。明者，一为坚信，二为省察，三为存养，缺一不可。无信，则不省察，更谈不上存养；而无省察，则无存养。无存养，则所立之命不稳固。所以，立命要在“明”上下功夫，是实学，非嘴皮子功夫。需在“万境交集”中“克除净尽”。

三、当于日用云为，常起觉照

（一）格物致知是下手处

然作圣不难，在自明其明德。

欲明其明德，须从格物致知下手。

倘人欲之物，不能极力格除，则本有真知，决难彻底显现。欲令真知显现，当于日用云为，常起觉照。不使一切违理情想，暂萌于心。常使其心，虚明洞彻。

评注："明德""诚""真心""本有真知"皆为同意语。立命的根本下手处是极力格除人欲之物。而格除的方法，就是"当于日用云为，常起觉照。不使一切违理情想，暂萌于心。常使其心，虚明洞彻。"

（二）以照镜为喻

如镜当台，随境映见。但照前境，不随境转。妍媸自彼，于我何干。来不预计，去不留恋。

评注：发愿立命者，其心应常做镜子想。哪有镜子随被照物件转的！此为存养功夫。

（三）以与贼军对敌为喻

若或违理情想，稍有萌动，即当严以攻治，剿除令尽。如与贼军对敌，不但不使侵我封疆，尚须斩将搴旗，剿灭余党。

评注：格物之道，就是对稍有萌动的违理情想，即当严以攻治，剿除令尽，不留余地！此就事上言，为下法。

（四）以制军之法喻

其制军之法，必须严以自治，毋怠毋荒，克己复礼，主敬存诚，其器仗须用颜子之四勿，曾子之三省，蘧伯玉之寡过知非。加以战战兢兢，如临深渊，如履薄冰，与之相对。则军威远振，贼党寒心。惧罹灭种之极戮，冀沾安抚之洪恩。从兹相率投降，归顺至化。尽革先心，聿修厥德。将不出户，兵不血刃。举寇仇皆为赤字，即叛逆悉作良民。上行下效，率土清宁。不动干戈，坐致太平矣。

评注：格物之道又如治军，上行下效，不过为自治而已，达到主敬存诚即可实现立命。具体实证的方法是效颜子之四勿、曾子之三省、蘧伯玉之寡过知非，且于日用云为中要时时战战兢兢，如临深渊，如履薄冰，如临大敌！此为致知方法。此就心上言，为上法。

四、诚明一致，即凡成圣矣

如上所说，则由格物而致知，由致知而克明明德。诚明一致，即凡成圣矣。

评注：立命的方法，在儒家就是这样子，即由格物而致知而明德。达到明德时，实现立命！

五、不敢告者，即不敢为

其或根器陋劣，未能收效。当效赵阅道日之所为，夜必焚香告帝，不敢告者，即不敢为。

评注：或效道家立命方法，像先贤赵阅道那样子，日之所为，夜必焚香告上苍，不敢告者，即不敢为。这个办法可以立竿见影！了凡先生就兼用此方法立命。

六、俾造物不能独擅其权

袁了凡诸恶莫作，众善奉行，命自我立，福自我求，俾造物不能独擅其权。受持功过格，凡举心动念，及所言所行，善恶纤悉皆记，以期善日增而恶日减。初则善恶参杂，久则唯善无恶，故能转无福为有福，转不寿为长寿，转无子孙为多子孙。现生优入圣贤之域，报尽高登极乐之乡。行为世则，言为世法。彼既丈夫我亦尔，何可自轻而退屈。

评注："俾造物不能独擅其权"是说宿命是可以改变的，"造物"指宿命。印祖在这里为发心立命者证明，云谷禅师传授了凡先生的立命之学是真实不虚的，传授了凡先生使用功过格是立命的好方法，足以效仿实行。印祖鼓励读者，举凡有志于家国天下（社会）者，均要学会立命，了凡先生现身说法已经证明，立命之学为人人可学之学问。印祖明白无误的告诉读者，立命的三个好处：一者所求必应；二者由凡夫地而跃为圣贤地；三者定得善终，要是临命终时懂得念阿弥陀佛求生西方，必得弥陀接引，高登极乐之乡，永不退转！我等后生小子要赶紧迷途知返呀！

七、明为总纲，格致诚正乃别目

（一）提出内求法与外求法

或问，格物乃穷尽天下事物之理。致知乃推极吾之知识，必使一一晓了也。何得以人欲为物，真知为知，克治显

现为格致乎。

评注：此问，即《立命之学》中了凡先生问云谷禅师的“求则得之”，然后，云谷禅师为了凡先生讲授内求法与外求法。立命之学，是内求法。此处，印祖借儒家《大学》的格物致知法，为读者讲授内求法与外求法的区分。可见，内求法已经不为读者知很久了，所以，有必要再提出来，讲清楚。内求法，没有高深之处，一讲就明。“格物，乃穷尽天下事物之理。致知，乃推极吾之知识，必使一一晓了也。”此为外求法的格物致知，为凡夫之见。“以人欲为物，真知为知，克治显现为格致。”此为内求法的格物致知，为圣贤之见，为正解。

（二）内求法是立命之学

答曰，诚与明德，皆约自心之本体而言。名虽有二，体本唯一也。知与意心，兼约自心之体用而言。实则即三而一也。格致诚正明，五者皆约闲邪存诚返妄归真而言。其检点省察造诣工夫，明为总纲，格致诚正乃别目耳。修身、正心、诚意、致知，皆所以明明德也。倘自心本有之真知，为物欲所蔽，则意不诚而心不正矣。若能格而除之，则是慧风扫荡障云尽，心月孤圆朗中天矣。此圣人示人从泛至切，从疏至亲之决定次序也。

评注：儒家为人的自心本体，起了个名字，叫做“诚”，又叫做“明德”，而在佛家叫做“自心本有之真知”。“知与意心”指致知、诚意、正心者三。此三者是儒家提出来的达“自心本体”的途径和方法，是三也是一，供学习者选用，或选致知法，或选诚意法，或选正心法，或三法齐选。此三者，又实为五者，即儒家《大学》之“格物、致知、诚意、正心、明”，而此五者皆为“检点省察造诣工夫”！终极目标均指向“明德”，可称之“明为总纲，格致诚正乃别目耳。”换句话说，明德为目的，其他为方法。人的“自心本有之真知不显”，皆为物欲所蔽，所以，格物是内求法，即格除物欲是下手处！儒家怕只言“格物”不为子弟明白，又提出“致知、诚意、正心、明”，此五者是一不是五，但是，非要认为是五也可以，那么，就需要排个顺序：格物、致知、诚意、正心、明。内求法是性理之法。

（三）外求法与立命之学不相干

若穷尽天下事物之理，俾吾心知识悉皆明了，方能诚意者，则唯博览群书、遍游天下之人，方能诚意正心以明其明德。未能博览阅历者，纵有纯厚天资，于诚意正心，皆无其分，况其下焉者哉。有是理乎？

评注：到此，印祖反问：“有是理乎？”外求之法，是与立命之学不相干的。

八、告以过去现在未来三世因果

然一切不深穷理之士，与无知无识之人，若闻理性，多皆高推圣境。自处凡愚，不肯奋发勉励，遵循从事。若告以过去现在未来三世因果，或善或恶，各有其报。则必畏恶果而断恶因，修善因而冀善果。

评注：以上儒家讲的内求立命法，或子弟兵们有听不明白的，则可以告知其道家三世因果关系的真实不虚，让其循“畏恶果而断恶因，修善因而冀善果”立命。

九、既知因果，自可防护身口

善恶不出身口意三。既知因果，自可防护身口，洗心涤虑。虽在暗室屋漏之中，常如面对帝天，不敢稍萌匪鄙之心，以自干罪戾也已。此大觉世尊，普令一切上中下根，致知诚意正心修身之大法也。

评注：而因果报应也为佛家权说，“畏恶果而断恶因，修善因而冀善果”立命的，如同用以上儒家性理之法立命的，方法不同，但是效果是一样的。具体说到善恶报应，那就要在佛家指出的“身口意”三方面，再借用道家“在暗室屋漏之中，常如面对帝天”，而不敢说、做、想背理之事了。久久为功，断恶修善，扩充德性，自然立起命来。

十、除此二种人，有谁不信受

然狂者畏其拘束，谓为着相。愚者防己愧怍，谓为渺茫。除此二种人，有谁不信受。

评注：狂者不信儒家性理。愚者不信道家善恶之报。对此二种人，是不谈立命的！

十一、理势（事）所必然

故梦东云：“善谈心性者，必不弃离于因果；而深信因果者，终必大明夫心性。”此理势（笔者注：事）所必然也。

评注：儒家讲“性理”，道家讲“因果”，均导归佛家讲的“心性”。儒生立命者，对道家因果要深信不疑，儒释道要贯通最好。

十二、圣贤千言万语，无非欲人返省克念

须知从凡夫地乃至圆证佛果，悉不出因果之外。有不信因果者，皆自弃其善因善果。而常造恶因，常受恶果，经尘点劫，轮转恶道，末由出离之流也。哀哉！圣贤千言万语，无非欲人返省克念，俾吾心本具之明德，不致埋没，亲得受用耳。但人由不知因果，每每肆意纵情。纵毕生读之，亦止学其词章，不以希圣希贤为事，因兹当面错过。

评注：立命之学，仍然不出因果关系，云谷禅师为了凡先生讲得明白。印祖在此肯定云谷禅师之说，以增强读者对云谷禅师传授的立命之学的信心。印祖感叹子弟兵们有不信宿命，也不信立命者，而言必说圣贤，不过学其词章，华而不实，耽搁了自己一生。

十三、读之自有欣欣向荣，亟欲取法之势

袁了凡先生训子四篇，文理俱畅，豁人心目。读之自有欣欣向荣，亟欲取法之势，洵淑世良谟也。永嘉周群铮居士，发愿流通，祈予为序。因撮取圣贤克己复礼闲邪存诚之意，以塞其责云。（完）

评注：印祖称袁了凡为“先生”，名至实归，袁了凡先生已达圣贤之地也。对了凡先生训子四训评判为“文理俱畅，豁人心目。读之自有欣欣向荣，亟欲取法之势，洵淑世良谟也。”换句话说，即开示人们对云谷禅师集大成的圣贤伟大立命之学要勤而行之，弘扬光大，代代相传。印祖对《了凡四训》做序，以人们熟悉的儒家“撮取圣贤克己复礼闲邪存诚之意”，帮助我们理解云谷禅师传授了凡先生的中华伟大立命之学！可谓谆谆教诲！我们当奉行之！由此，帮助我们知道了凡先生立命最初十年克念的功夫是实打实的！印祖在此郑重其事地向大家推荐了凡先生做大家的人生导师。人生要有好导师！了凡先生和《了凡四训》就是我们的人生导师！

第八章　简述中华立命之学的传承之路

“立命之学”的概念，或由收录清初《丹桂籍》一书中的《袁了凡先生四训》中提出，但是，此学问实为中华文化中最古老的实证学问，“命由我作，福自己求。《诗》《书》所称，的为明训。”可以证明。

——公元1569年，由佛家人物云谷禅师整理和集大成，口授了凡先生，开创了一门立命学问，教了凡先生做立命用。“己巳（公元1569年）归，游南雍，未入监，先访云谷会禅师于栖霞山中。”是了凡先生36岁时，云谷禅师为其讲授和传授了“唯心立命之旨”，距离现在是454年。到此，古老的中华儒释道之立命论，由佛家人物云谷禅师整理和集大成，口授了凡先生，开始成为一门学问。了凡先生终其一生，实证了此学问的真实不虚，为了凡先生自我立命教育用。古老的立命学问，也为个别精英儒生用，如《谦德之效》例证中的优秀儒生张畏岩，由一“道者”口授立命的学问（公元1594年），其实证应验。距离云谷禅师口授了凡先生立命之学25年。

——在公元1601年，了凡先生发表《省身录》一文，1602年重刻时改名字为《立命篇》，将云谷禅师口授的古老的中华儒释道立命论和其集大成的立命论，以文字记录下来，传播于世，此为中华立命之学公布的时间，距离云谷禅师口授时间为32年。“孔公算余五十三岁有厄，余未尝祈寿，是岁竟无恙，今六十九矣。”在公元1601年，了凡先生发表《省身录》一文，将古老的中华儒释道立命论和云谷禅师集大成的立命论，以文字记录下来，传播于世。他的初衷是为其子做及第立命用，成为其家学。文章作出后，即开始传播，为少数精英儒生立命学习。后有1602年叶仰山刻版《游艺塾文规》卷一《立命之学》，1607年《省身录》被重刻时更名为《立命篇》。明崇祯三年（1630年）流通龙华道人苏文昌序刻本了凡先生著的《阴骘录》（《立命之学》《谦虚利中》《积善》《改过》），为少数精英儒生立命学习。（文中引用了复旦大学吴震先生的研究成果，致谢）

——《袁了凡先生四训》集成于清初《丹桂籍》一书中，自此，中华伟大的“立命之学”系统的、完整的、内容丰富的，以经典面世。《袁了凡先生四训》集成于清初《丹桂籍》一书中，丹桂：比喻登科及第。籍：考生学籍，及第名册。称学籍，喻此书汇集的善文为科举考生所必学；称名册，承诺读此书实证所成者，必及第。到此，立命之学广泛地在儒生中传播，做多数儒生及第立命用。清朝建国于公元1636年，收录《丹桂籍》的《袁了凡先生四训》成书于清初，距离现在大约380余年，距离云谷禅师口授时间为67年。

——《了凡四训》在清末民初开始为普通民众关注和学习。清末民初佛家净土宗的印光大师（1862~1940）在南京创办了弘化社，大量传播《了凡四训》，以此提倡因果教育，期望净化世道人心，做善书用，为社会教育用，开始为普通民众关注和学习，学习者不乏做立命教育用者。

——《了凡四训》自1953年至今，对社会各阶层的普及程度前所未有。1953年后，此书又为净土宗大德极力推崇，并讲授，形成讲记和影像资料广为流通。其学人亦步亦趋，也讲授，形成讲记和影像资料广为流通，一直影响到现在，为学习研究《了凡四训》者的必选学习资料。是接续印光大师之愿，提倡因果教育，期望净化世道人心，做善书用，对社会各阶层的普及程度前所未有。学习者不乏做立命教育用者。

——改革开放以后《了凡四训》被大量出版发行，形成对社会各阶层的普及。中华书局、团结出版社、世界知识出版社等出版社大量出版《了凡四训》单行本、注解本和讲记，多次印刷，发行流通量前所未有，还有2006年上映的电影《了凡四训》和游本昌导演并主演的《了凡四训》23集电视剧，形成对社会各阶层的持续普及。但是，均做劝善作品流通。当然，有自学者也做立命教育用。网络有估计，自明朝中期了凡先生的“四训”发表到现在，其发行量在千万册以上，影响了半个亚洲。顺便说一句，《了凡四训》在日本对“明治时期的青少年，产生了巨大的影响，迄今为止仍然深深教化着政经界的高层人士”。

——《了凡四训》为个人立命用，发展、创新到为公司立命用。2015年6月，东莞市泰威电子有限公司创始人/首席信仰官、国际儒联教育普及委员会委员李文良博士，为其公司立命，开创“51·25·24”企业长治久安之道：51%股权属天地万物，让天地万物作大股东，阳光空气等等一切众生都是企业的投资者，万物一体，谋事在人，成事在天。25%（49%×51%=25%）股权属全体员工，孟子说：“民为贵，社稷次之，君为轻。”企业的社稷即全体员工，水可载舟，亦可覆舟。让全体员工做企业的第二大股东，人心齐泰山移。剩余之24%才为企业主所有。企业主即企业之君，应将企业主放在最轻的位置，同样遵循《道德经》“功成、名遂、身退，天之道也。”规则。51%支持25%，25%支持24%，即符合《易经》之厚德载物。企业主舍76%（51%+25%）股权，大舍即大得。51%是公即善，49%是私要日日改过迁善，累积源源不断的善。积善之家必有余庆。实现《了凡四训》改造企业命运的路经。51%的股权给天地万物来掌控，就是将企业的大命运立在天道上，这就符合了《了凡四训》的立命之学原理，将企业的命立在义理之身上，企业的命运就超越了有形之身，也是将《了凡四训》的积善之方及谦德之效得以落实。25%的股权给全体员工及企业主的24%股权，公司上下一体常常反躬自省，改过迁善，是将《了凡四训》的改过之法在企业内落实。该公司自2015年实践出“51·25·24”股权治理机制以来，许多有缘的企业主因为了解到“51·25·24”的原理而将自己与企业引领到改造命运的大道上来，企业主的人生也从此得以改变。产生了企业立命的示范作用。而李文良博士所在公司在经历种种危机的考验，呈现出越来越有生命力的状态，公司全员的身心呈现出越来越和谐的生命状态，证明了《了凡四训》智慧的真实不虚。星星之火可以燎原。此为大事件！开创了《了凡四训》这一伟大的“中华立命之学”为企业立命的新纪元！距云谷禅师于公元1569年口授了凡先生中华立命之学446年！（材料由李文良博士提供，笔者去其公司做了实地考察）

——自2016年6月，《了凡四训》成为共产党人的修养用书，打通了融会贯通儒释道精华的《了凡四训》文以化人的所有传播通道，成为《了凡四训》传播之路的大事件！进入2016年，广东人民出版社于6月出版了由吴文新和朱康有两位教授著的《〈了凡四训〉与共产党人的信仰自觉》，该书为“心学与共产党人修养丛书”之一，是“马克思主义理论研究和建设工程、国家社会科学基金重大项目‘国家文化软实力建设研究’【2015MZD044】之‘马克思主义与中国传统文化关系’专题阶段性成果”。此书的出版，标志着《了凡四训》的学习，由普通民众一跃成为“共产党人修养”用书，打通了融会贯通儒释道精华的《了凡四训》文以化人的所有传播通道，《〈了凡四训〉与共产党人的信仰自觉》一书，成为儒释道优秀传统文化经典纳入体制内学习的划时代的标志性代表作品！但是，此书仍然把《了凡四训》作为劝善书用。

——无独有偶，2016年8月23日，中央纪委监察部网站在“中国传统中的家规”栏目发布《袁了凡：修身积善·四训教子》，倡导党员干部学习《了凡四训》，2017年3月，中国方正出版社出版了由“中央纪委监察部网络中心”编的《中国家规》一书，该书第180页以“袁了凡：务要日日知非，日日改过”为题，介绍《了凡四训》的“核心思想是‘改过’‘积善’，对后世道德伦理思想影响深远，被誉为‘中国历史上的第一善书’和‘东方励志奇书’”。文末称“《了凡四训》就像一面辨别善恶的镜子，无时无刻不在教育我们怎样做人、如何做事。世人应该经常对照自己，发现缺点和不足，像袁了凡那样改过自新，通过积善行善，改造命运，做一个有益于社会的人。”此文的发表，标志着“改造命运”这一古老的命题，在今天为全社会所接受了。但是，此书是把《了凡四训》作为传统优秀家训，以资党员干部立家风借鉴用。

第二部分 专题解读

一、《了凡四训》的逻辑结构

《了凡四训》共四篇，分别是《立命之学》《改过之法》《积善之方》和《谦德之效》，后三篇是围绕《立命之学》展开的。本来，改变命运的方法：一是向内的改过；二是向外的积善，两者是内功和外果的关系，正如古训："没有内功，不结外果"，即所谓"火烧功德林"者（火是发脾气，功德林是行善所积累的祥瑞之气象，一发脾气，祥瑞之相尽毁）；三是发大愿心（存心）；四是持咒以实现无分别心。到此已经很清楚了，没有必要再列第四篇的。

但是，了凡先生在没有必要处，硬是找到了必要。他考查现实，并结合自己对命运把握的实证，以提取公因式的方式，把众多过恶中的"骄傲"一恶提取出来，把众善之中的"谦卑"一善提取出来，告诫子孙，"骄傲"一恶不去，改过再努力，必将功亏一篑；"谦卑"一善不积，积善再努力，也是事倍功半。这样，就有了《谦德之效》第四。形成了一部完整的把握命运的著作。

《立命之学》《改过之法》《积善之方》和《谦德之效》四篇,《立命之学》是义理(原理),了凡先生现身说法来证明此义理的不可怀疑性和正确性;《改过之法》与《积善之方》是方法,把义理给具体化,便于操作;《谦德之效》是义理和方法的紧要处,如果力行改过和努力积善效果甚微或立命中出现大的挫折,那一定是“谦德”没有形成啊!把这个漏洞补上,命运自然把握!

这个行文逻辑结构要清楚。这是宏观上对《了凡四训》的把握,对研习者可起到高屋建瓴的作用。

二、从立信起教

《袁了凡先生四训》出现在清朝初年的《丹桂籍》中，“四训”各自成文，并非一本书固有的内容，为后人编辑成书，但是，“四训”均缘于袁了凡先生“立命”的报告，“立命”为“四训”共同的主旨，“四训”的顺序排列，也符合对“立命”这一主旨的阐述逻辑关系，可以形成浑然一体的结构，成一本书是没有问题的。“四训”各自成文，围绕“立命”主旨分别阐述四个主题，即各篇的题目。“四训”有一个共同之处，均是以立信起教！以下分述之。

（一）《立命之学》的以立信起教

“余因此益信，‘进退有命，迟速有时’，澹然无求矣。”这是了凡先生对“宿命”，教儿子立信！

“孔先生算汝不登科第、不生子者，此天作之孽，犹可得而违也；汝今扩充德性，力行善事，多积阴德，此自己所作之福也，安得而不受享乎？《易》为君子谋，趋吉避凶；若言天命有常，吉何可趋，凶何可避？开章第一义，便说：‘积善之家，必有余庆。’汝信得及否？余信其言，拜而受教。”这是云谷禅师传授了凡先生立命法时，以立信起教！

“《书》曰：‘天难谌，命靡常。’又云：‘惟命不于常。’皆非诳语。吾于是而知，凡称祸福自己求之者，乃圣贤之言；若谓祸福惟天所命，则世俗之论矣。”这是了凡先生传授儿子立命法时，以立信起教！

（二）《改过之法》的以立信起教

“春秋诸大夫，见人言动，亿而谈其祸福，靡不验者，《左》《国》诸记可观也。大都吉凶之兆，萌乎心而动乎四体，其过于厚者常获福，过于薄者常近祸；俗眼多翳，谓有未定而不可测者。至诚合天，福之将至，观其善而必先知之矣；祸之将至，观其不善而必先知之矣。今欲获福而远祸，未论行善，先须改过。”“不惟是也。一息尚存，弥天之恶，犹可悔改。古人有一生作恶，临死悔悟，发一善念，遂得善终者。谓一念猛厉，足以涤百年之恶也。譬如千年幽谷，一灯才照，则千年之暗俱除。故过不论久近，惟以改为贵。但尘世无常，肉身易殒，一息不属，欲改无由矣。明则千百年担负恶名，虽孝子慈孙，不能洗涤；幽则千百劫沉沦狱报，虽圣贤佛菩萨，不能援引。乌得不畏？”“皆作孽之相也。苟一类此，即须奋发，舍旧图新，幸勿自误。”

命运，即祸福。相由心生。一生作恶者，临死悔悟，发一善念（在善终上立命），得善终。观历史，查现实，古今通则。此节教后人对改过可以立命起信！对悔过可以善终起信！换句话说，改过立命，从立信起教！

（三）《积善之方》的以立信起教

“《易》曰：‘积善之家，必有余庆。’昔颜氏将以女妻叔梁纥，而历叙其祖宗积德之长，逆知其子孙必有兴者。孔子称舜之大孝，曰：‘宗庙飨之，子孙保之。’皆至论也。试以往事征之。”“凡此十条，所行不同，同归于善而已。”开篇以圣贤言立信，又以十条真人真事对圣贤言的正确性做证明，积善立命，从立信起教！

（四）《谦德之效》的以立信起教

“《易》曰：‘天道亏盈而益谦；地道变盈而流谦；鬼神害盈而福谦；人道恶盈而好谦。’是故，谦之一卦，六爻皆吉。《书》曰：‘满招损，谦受益。’”“余屡同诸公应试，每见寒士将达，必有一段谦光可掬。”“由此观之，举头三尺，决有神明；趋吉避凶，断然由我。”

“趋吉避凶”，指立命！以圣人言立信，有日常生活经验印证圣人言的不可怀疑性！积谦德立命，从立信起教！

（五）为什么要从立信起教？

《大方广佛华严经》云：“信为道元功德母，长养一切诸善根。”宣化上人对此开示：这个“信”，就是道的一个本源，是功德的一个母亲。有信心，就能增长你的善根；没有信心，就不能增长你的善根，所以“信”是非常重要的。又云：“佛法如大海，唯信能入。”只要有一个“信”字，就可以到佛法的大海里边；若没有信心，就没有法子到佛法的里边。你就看这个“信”字，在旁边是一个“亻”，再加上一个“言”字，这就是人在那儿说话呢！人对你说话，你若不相信，这个话就没有用了；你若相信，这个话对你就有用。你对这经典生出信心，你就得到受用；你没有信心，就得不到受用。譬如你本来很大脾气，听经上说应该没有瞋恚，“我不要再那么大的脾气了！”在不知不觉，自己也不知道这脾气怎么就没有了！甚至于有人对你发脾气，你也能忍受了，这就是“信”。你若是不信，经上说教人不要有脾气，你就认为经上是那么说，但是哪一个人能没有脾气呢？这就是你没有信；没有信，你就没有得到经典的好处。你不觉得有好处？你若能忍，不发脾气，无形中，你就有了德行、有了功德；你若一发脾气，你就没有功德了！你有功德，就是你的受用，所以要信。这是最要紧的。我教你不要发火、不要有脾气，对着我面，答应我：“我依教奉行！”一离开师父的面前，就变了样了；甚至于就对着师父面前，仍然发脾气，简直无法无天！“师父！你不叫我发脾气，我发大一点给你看看！看看我有这么大的本事！”这就是没有信心。你有信心，就会依教奉行。“解”，你有信心，然后才能明白；你没有信心，就不能明白。明白了，就是解了；不明白，就是没有解。我讲经，越讲你越不信，越不信越糊涂；越糊涂，就没有智慧，就愚痴了。你生出信心，明白了：“喔！经典上讲得这么妙，我应该依教奉行！”这就是得到好处了。

三、世人多有误读了凡先生的

很多人误读了《立命之学》中了凡先生受孔先生影响的表现。

比如对“余因此益信进退有命，迟速有时，澹然无求矣”“贡入燕都，留京一年，终日静坐，不阅文字”的解释，很多人理解为了凡先生因被孔先生的命运预测悬定，而消极厌世。殊不知，一个对人生消极的人，又怎么能熬得住“澹然无求”与“终日静坐”？这本是学养呀！没有足够好学热情（积极的人生态度）的人，哪里能有这样的精神境界？了凡先生如果对人生消极，那他的表现应当是自暴自弃，玩世不恭，醉生梦死。因为，他的性格（习性）中有两个因素可以促成他这样做，一是“直心直行，轻言妄谈”，二是“喜饮铄精”（好酒，豪饮，酒逢知己千杯少）。但是，他没有。了凡先生有的，是进取之心和进取之行。表现在他的好学和勤奋——下功夫学孔先生传受的学问。不要忽略了了凡先生36岁前的号是“学海”！

了凡先生当贡后，被推荐到燕都国子监深造一年，他除正常上课、完成作业以外，也不在宿舍复习考试用书，这是“不阅文字”的意思。不出去拉关系，攀附权贵以求升迁，也不跟同学吃吃喝喝、称兄道弟、拜把子、结同盟，以指望将来在仕途彼此照顾，也不在宿舍复习考试用书。他把课余时间，用来学习孔先生传授的道家学问，比如静坐练习等等。这一年，他过得无比充实，内心的安宁前所未有，孔先生传授的道家学问突飞猛进，同时，在国子监的功课也圆满完成。他又被推荐到南京的国子监访学。

“澹然无求矣”，是说了凡先生老老实实认命，不怨天尤人，不打妄想，本本分分的。世人多有持宿命论的，了凡先生在持宿命论时的表现，是个好样子。

四、豪杰与凡夫的二分法

读《了凡四训》者，多忽略了“云谷笑曰：我待汝是豪杰，原来只是凡夫。”这句话，未能启发自己做个道德人格的转变。这也是读《了凡四训》不得受用的原因之一吧！所以，我特别的提出来。

对人（道德人格）的分类，自古有之，多为二分法，这样界别，简明扼要，方便运用，延用到现在的，习惯的二分法有：君子与小人，好人与坏人，等等。这些二分法，不痛不痒，不易激励后学者道德人格之变化。云谷禅师的豪杰与凡夫之分，可以起到激励学生道德人格之变化的效用，了凡先生自此将他的号由“学海”改为“了凡”，即为受云谷禅师豪杰与凡夫的二分法的激励。由此出发，了凡先生再造“义理之身”，即重塑道德人格，成就了不朽功名！

了凡先生在遇到云谷禅师时为36岁，他是74岁去世的，写《立命之学》时69岁。36岁是他人生的分水岭，之前的人生，受命运捉弄，他是凡夫；之后的命运，由他自己把握，他成豪杰！《立命之学》，是他对自己由“凡夫”向“豪杰”蜕变的心路历程的记录，言传身教，苦口婆心，至诚恳切，不容错过呀！学习《了凡四训》者，对此二分法要重视起来。

古人的“号”，大概就是现在人讲的“座右铭”，用于引导自己的价值观趋向。当今学人，由于就业的压力，考生一门心思在应试，人生价值趋向，全寄托在了就业岗位，而就业后，人生价值趋向又大多寄托在工资收入多少上了，所以，“座右铭”都很陌生了！这是学人的不幸！

读《了凡四训》，重视豪杰与凡夫之分，自此立定志向，自觉把自己划归“豪杰”之流，再造“义理之身”，又是何等的万幸呀！行文至此，可以得出一个结论：勇做豪杰者，才有资格以《了凡四训》为人生导师！

五、命运真相的简明揭示

“于栖霞山中，对坐一室，凡三昼夜不瞑目。”了凡先生访云谷禅师，遇到了大考，被云谷禅师面试了三天三夜，这个面试期间是不说话、不吃饭、不喝水、不上厕所、不能打瞌睡、只能盘腿打坐不能起来活动的。这对普罗大众的年轻人言，简直是不可思议。足见了凡先生的好学！

“吾为孔先生算定，荣辱生死，皆有定数，即要妄想，亦无可妄想。”了凡先生老实、乐观的面对人生、对功利没有想法了。他向云谷禅师如实汇报自己的情况。

一个好学的品质，一个老实认命、乐观的面对人生、对功利不做妄想的本分。这是了凡先生的过人之处。

这样的年轻人，人见人爱！

云谷禅师一代高僧，对他点头称许：了凡可教！

我们无法推算了凡先生访云谷禅师的目的，但是，根据生活经验和日常逻辑判断，了凡先生是慕名而来，为一般性拜访，不是带着问题而来，换言之，拜访云谷禅师，没有任何功利色彩。

云谷禅师不问而教。先是激起了凡先生勇做“豪杰”的信心，然后揭示命运的真相，告知《皇极数》学问的局限性，进而传授了凡先生做“豪杰”的原理和方法。

了凡先生是个成绩优异的好学生，所以，云谷禅师可以用抽象、简明的概念，直接破孔先生传了凡先生的《皇极数》学问，帮助了凡先生认识命运的真相。

“人未能无心，终为阴阳所缚，安得无数？但惟凡人有数。极善之人，数固拘他不定；极恶之人，数亦拘他不定。”云谷禅师提出“无心”与“阴阳”，“极善”与“极恶”，“无数”与“有数”，“所缚”与“不定”的概念。对人进行“凡人”“极善之人”“极恶之人”的分类。

道家《皇极数》的学问，不适用于“极善之人”与“极恶之人”，仅适用于“凡人”。这个规则，孔先生一定会告诫他的传人了凡先生的。也就是说，道家《皇极数》一派的传人，对“极善之人”与“极恶之人”是失算的，见了这些人，要退避三舍。

“极善之人”与“极恶之人”为少数，可以忽略不计，普罗大众均为“凡人”，所以，《皇极数》的学问具有普适性。云谷禅师从了凡先生熟悉的《皇极数》适用规则说起，启发他思考“极善之人，数固拘他不定；极恶之人，数亦拘他不定。”是为什么？从而说明，既然有人可以不受命运捉弄，那么，大家都是人，摆脱命运之缚，应该有可能。

极善与极恶，共同点是，两者均为极处。极善为极阳，极恶为极阴，均突破了阴阳。

阴阳为二数。极善与极恶均为一数。

二数代表多数，为杂，心理表现为有心（分别心），为“有数”之人，属于“凡人”范畴。一数为纯，心理表现为专注（无分别心），为“无数”之人。“有数”（有心）的人，被命运羁绊！“无数”（无心）之人，不被命运束缚！

这就是命运的真相！

所以，认识清楚“有心”“无心”的问题，就找到了破解命运问题的钥匙。破解宿命，要着眼在“无心”！落脚在把“有心”转换为“存心”。

六、着眼在“无心”，落脚到“存心”

“汝不见六祖说：一切福田，不离方寸；从心而觅，感无不通。”这是佛家揭示的，人所追求的一切美好，其实为人本有，人人平等，人人具足。这是命自我立的根本所在。“福田”“方寸”“心”为同意语，皆为“人未能无心”中的“无心”和“安得无数”中的“无数”。《立命之学》通过“多积阴德”（没有功利心的那种阴德）和“凡祈天立命，都要从无思无虑处感格”，教了凡先生着眼在“无心”处立命。此为无为法立命！

在佛家，“心”的讨论，因人而说，对上智之人言，“心”为“自性”（真心），人人平等无所不有；对非上智之人，也从因果上讲“心”，叫三世（过去、现在、未来）因果，为权宜之说，因为跟他们讲自性，如对牛弹琴，没有效果，还遭非议，所以不与他们说，说三世因果关系，他们能听进去，然后引导他们渐渐觉悟“自性”。

“求在我，不独得道德仁义，亦得功名富贵；内外双得，是求有益于得也。”人的自性（真心），即人本有的美好，行道德是通向他的方便法。通过行道德的方法可以形成两个结果：一为见性，即开大智慧，自然知道怎么取富贵，为极少数人可证得。一为因果，“易为君子谋，趋吉避凶；若言天命有常，吉何可趋，凶何可避？”既然“有心”为“阴阳”所缚，而“阴阳”即为“因果”，那么就在“有心”上做文章，把“有心”转换做“存心”，行“趋吉避凶”法，此为有为法立命！

宿命，因“有心”而生，“有心”存在于因果关系中，遵循“善有善报，恶有恶报，不是不报时候未到。”的因果规律。在因果关系中，有三世（过去世、现在世、未来世）因果，即隔代报应；还有因果现世报。今生的因在今生就结果；前世的恶因，由于今生不生恶缘，无法结出恶果。均为“存心”使然。

宿命，遵循三世因果关系规律；立命，除遵循三世因果关系规律外，还遵循现世因果关系规律。因果关系，完整的表述是因缘果报关系，因到果依靠缘，因缘结合，形成相应的果报。前世恶因，要结今世恶果，需要今世有相应的恶缘。改过，可以转变三世因果关系中促成今世恶果的缘，前世恶因，由于找不到今世的相应的恶缘，自然无法结出今世的恶果。但是，那个恶因还在，一遇恶缘，即生恶果。所以，立命者要日日改过，要“念念谦虚，尘尘方便”；积阴德，即种今世的善因，在至诚恳切下种的善因，遇有相应的善缘，必然在今世结出善果。此为立命的基本原理。

云谷禅师传授了凡先生的立命之学，着眼在“无心”，落脚到“存心”，传授了凡先生持准提咒和义理再生之身立命之学！而“存心”，即为发“以报天地祖宗之德”的大愿心。义理再生之身即“须做个转变”——“从前种种，譬如昨日死；从后种种，譬如今日生”，通过持准提咒实现“无心”。

七、儒家立命之学

(一)立命论

“命由我作，福自己求。《诗》《书》所称，的为明训。”

“命”为本分；“福”为命运，即功名富贵。“命由我作”，本分在我，怎么做，也在我。“福自己求”，功名富贵在尽本分上求，与自己有关系，与宿命无关系。

“《诗》云：永言配命，自求多福。”

“命”，即本分，也称角色，每一个人都有多重角色，当别人的儿子，当儿子的父亲，等等，由五伦关系，形成不同角色，确定角色时，这个角色，即有特定的本分。五伦十义，十义，即十本分。

“永言”，即日常言行。“配”，相应。“永言配命”，指一个人在日常中，想的、说的、做的，都要与其当时的角色（身份）相应。“自求多福”，自求，即不断修正自己想的、说的、做的与角色不相应的错误，修正过来，自然得福（功名富贵)。

“《太甲》曰：天作孽，犹可违；自作孽，不可活。”

“天作孽”指人生而具有的贫富贵贱(宿命)，“犹可违”指人可以通过立本分而改变。“自作孽”指不奉行圣贤教立本分，“不可活”即为宿命所困。

讨论儒家的立命论，一定不能离开“君子务本，本立而道生”(《论语·学而篇》)，即儒家不讲因果关系，只讲“务本”！离此无他。

(二)立命绝学——不贰(不动念)

“孟子论立命之学，而曰：夭寿不贰。夫夭与寿，至贰者也。当其不动念时，孰为夭，孰为寿？细分之：丰歉不贰，然后可立贫富之命；穷通不贰，然后可立贵贱之命；夭寿不贰，然后可立生死之命。人生世间，惟死生为重，曰夭寿，则一切顺逆皆该之矣。”

这是云谷禅师解读孟子的立命论。“不贰”“不动念”与“无心”“无数”为同意语。夭与寿为二，是“有心”“有数”的现象。“无心”“无数”为一。在“一”的状态下，人的寿命都是一样的。只要有“夭寿”的概念，就“一切顺逆皆该之矣”，即落入因果关系中了，自然遵循因果报应规律。此处对“不动念”绝学的讨论，是在理论层面。

（三）立命方法

孟子："求则得之""是求在我者也""修身以俟之""夭寿不贰，修身以俟之，所以立命也。"

"万物皆备与我矣，反身而诚，乐莫大焉。"（此句出自《孟子·尽心章》，为笔者添加，非立命之学中语）。"修身以俟之"与"反身而诚"为同意语，"俟"即"诚"，改过积善是诚之法。立命只有内求一法。因"万物皆备与我"，所以，求则得之！

八、道家立命之学

（一）立命论

“岂惟科第哉！世间享千金之产者，定是千金人物；享百金之产者，定是百金人物；应饿死者，定是饿死人物。天不过因材而笃，几曾加纤毫意思。即如生子，有百世之德者，定有百世子孙保之；有十世之德者，定有十世子孙保之；有三世二世之德者，定有三世二世子孙保之；其斩焉无后者，德至薄也。”

“天不过因材而笃，几曾加纤毫意思”与“其斩焉无后者，德至薄也”均指三世因果关系，为前世因，结今世果。了凡先生宿命中无子，于今生没有关系。对此，离开三世因果关系做解释者，都跑题了。

“《易》为君子谋，趋吉避凶；若言天命有常，吉何可趋，凶何可避？开章第一义，便说：积善之家，必有余庆。”

因果关系，还包括现世报应，即今世因，即在今世结果，存心积阴德者，更易得现世报！

(二)立命绝学——不动念

“符箓家有云:不会书符,被鬼神笑。此有秘传,只是不动念也。执笔书符,先把万缘放下,一尘不起。从此念头不动处,下一点,谓之混沌开基。由此而一笔挥成,更无思虑,此符便灵。”凡祈天立命,都要从无思无虑处感格。

“万缘放下,一尘不起”:即不落因果关系。“凡祈天立命,都要从无思无虑处感格。”“祈天”与“立命”为同意语。立命着眼在“无心”上,而“无心”与“诚”相应,“从无思无虑处感格”即“诚”而又“诚”。

(三)立命方法

“云谷出功过格示余,令所行之事,逐日登记,善则记数,恶则退除。”

改过,可以转变三世因果关系中促成恶果的缘。因果关系,完整的表述是因缘果报关系,因到果依靠缘,因缘结合,形成相应的果报。前世恶因,要结今世恶果,需要今世有相应的恶缘。今世的恶缘,即了凡先生对自己过恶的反省,能转变恶缘,前世恶因,由于找不到今世的相应的恶缘,自然无法结出今世的恶果。但是,那个恶因还在,一遇恶缘,即生恶果。

“汝今扩充德性,力行善事,多积阴德。”

即行现世因果报应。

九、佛家立命之学

(一)立命论

“我教典中说:求富贵得富贵,求男女得男女,求长寿得长寿。夫妄语乃释迦大戒,诸佛菩萨,岂诳语欺人?”

“汝不见六祖说:一切福田,不离方寸;从心而觅,感无不通。”

在人的自性中,富贵、子女、长寿均为本有,但是,需要依正确的理论、方法去求。

(二)立命绝学——念头不动

“汝未能无心,但能持《准提咒》,无记无数,不令间断,持得纯熟,于持中不持,于不持中持。到得念头不动,则灵验矣。”

“无心”问题,到此不再是理论层面讨论了,云谷禅师传授了技术方法,由理论层面,转为技术层面。

（三）立命方法

“且教持《准提咒》，以期必验。”

以期必验：达到“于持中不持，于不持中持”即接近“无心”。具体表现是：脱口就是准提咒；无事时，自觉提起准提咒；甚至梦中还能提起准提咒。

（四）发大愿心

“以报天地祖宗之德。”

立命为宿命本无，是无中生有，是有为法，既然是有心而为，当然要拷问立命的初心和使命，即转换“有心”为“存心”！为利己而立命，为无用功；利他而立命，才叫发愿心，所以，愿心要大！了凡先生发愿心“以报天地祖宗之德”立命，此为通愿，即人人可发之愿，当代人立命也可发此愿！

十、义理再生之身立命之学

（一）立命论

“汝今既知非，将向来不发科第，及不生子相，尽情改刷；务要积德，务要包荒，务要和爱，务要惜精神。从前种种，譬如昨日死；从后种种，譬如今日生。此义理再生之身也。夫血肉之身，尚然有数；义理之身，岂不能格天！”

改过自新，做个转变，巩固下来，形成义理再生之身，宿命就改变了。

“孔先生算汝不登科第、不生子者，此天作之孽，犹可得而违；汝今扩充德性，力行善事，多积阴德，此自己所作之福也，安得而不受享乎？”

天作之孽：指宿命。安得而不受享乎：得现世报。

（二）立命绝学——修身以俟之

“至修身以俟之，乃积德祈天之事。”

俟：至诚恳切。祈天：立命。

“凡祈天立命，都要从无思无虑处感格。”

“祈天”与“立命”为同意语。立命着眼在“无心”上，而“无心”与“诚”相应，“从无思无虑处感格”即“诚”而又“诚”。

“汝未能无心，但能持准提咒，无记无数，不令间断，持得纯熟，于持中不持，于不持中持。到得念头不动，则灵验矣。”

佛家讲的“无心”，通过持咒可以实现，云谷禅师传了凡先生准提咒。“则灵验矣”，指达“无心”。

云谷禅师传了凡先生立命绝学，既传儒家的，又传佛家的，为双保险。可见老师将自己的学问向学生和盘托出，学生照单全收，均不留余地。大赞！

（三）立命方法

“汝自揣应得科第否？应生子否”与“因将往日之罪，佛前尽情发露”。

立命要先悔过！反省要找到问题所在，悔过要真诚彻底。

“曰修，则身有过恶，皆当治而去之；曰俟，则一毫觊觎，一毫将迎，皆当斩绝之矣。到此地位，直造先天之境，即此便是实学。”

觊觎：投机。将迎：取巧，盼好。直造先天之境：达无心。实学：可以实证。

“汝今扩充德性，力行善事，多积阴德。”

此讲存心和因果现世报。

“且教持《准提咒》，以期必验。”

持咒，即念咒，还可培善根、因缘、福德。以期必验：辅助“修身以俟之”和夯实“有心”转“存心”的效果，二是功夫成片时，或接近“无心”境界。

（四）起信

“汝信得及否？”“余信其言，拜而受教。”

了凡先生被云谷禅师教明白了，对立命法产生强烈的信心。

（五）发大愿心

“以报天地祖宗之德。”

天地：国家、大众。祖宗：父母、先人、圣贤。当代的天地还可以理解为家庭和单位，报天地祖宗之德，具体做法即在家里做义工，在单位做义工！任劳任怨，无怨无悔！

此为“有心”转“存心”！

十一、云谷禅师传授立命的绝学——不动念

（一）总论

“凡祈天立命，都要从无思无虑处感格。”“此有秘传，只是不动念也。”

为云谷禅师向了凡先生传授的立命学问的总纲，即三个字“不动念”。此处的“无思无虑”与“不动念”为同意语。云谷禅师用“从无思无虑处感格”解释“不动念”。

“感格”，“感”为感应，可以解释为效果，“格”为佛家讲的制之一处（至心一处），也可以解释为专注。“感格”实为“格感”，因为“感”是“格”的结果，在理解上，好像有个先后，“格”在前，是方法，运用自如时成为功夫，“感”在后，是产生的效果。

其实又没有先后，因为是同时发生的。“格”一旦进入状态，“感”即刻呈现。由于“感格”念起来顺口，所以不用“格感”。感格的结果，形成“不动念”的状态。

而“不动念”，可以理解为“专注一事”，大概与佛

家“制之一处，无事不办”（至心一处，无事不办）相应。但是，老实说，这个“不动念”的意思，真不好用文字表达的。

“不动念”三个字，为云谷禅师向了凡先生传授的立命学问的总纲。对这三个字，读者要反复思考，反复实践，悉心体会。在《立命之学》的文末“云谷禅师所授立命之说，乃至精至邃、至真至正之理，其熟玩而勉行之，毋自旷也。”了凡先生交代他儿子天启对“不动念”的立命学问要“熟玩”！

（二）道家的“不动念”

“语余曰：符箓家有云：不会书符，被鬼神笑。此有秘传，只是不动念也。执笔书符，先把万缘放下，一尘不起。从此念头不动处，下一点，谓之混沌开基。由此而一笔挥成，更无思虑，此符便灵。凡祈天立命，都要从无思无虑处感格。”

云谷禅师先以道家画符一事，告诉了凡先生什么叫“不动念”，画符时，聚精会神于所画的符，从起笔到落笔，注意力完全集中在笔画上，没有丝毫分心，不为外界干扰。具体的做法是，眼睛盯着笔走，耳朵听着落笔、运笔的声音，即可集中精神，全神贯注于画符，一气呵成。一个符号，就这样被赋予了能量，这是心力与符号的结合，没有心力，符号不起作用。这就是道家“符录”的秘密。

这就是道家能够运用“符录”，以趋吉避凶的秘密。

改过、积善，也是要在“不动念”三个字上下功夫。改过的不动念，就是对过恶的认识真诚深刻，改正时不犹豫，不留余地。积善的不动念，是对善事有正见正信，做时不犹豫，信念坚定。

（三）儒家的“不动念”

儒家的立命之道，仍然是“不动念”。

“孟子论立命之学，而曰：夭寿不贰。夫夭与寿，至贰者也。当其不动念时，孰为夭，孰为寿？细分之，丰歉不贰，然后可立贫富之命；穷通不贰，然后可立贵贱之命；夭寿不贰，然后可立生死之命。人生世间，惟死生为重，曰夭寿，则一切顺逆皆该之矣。”

孟子以“夭寿不贰”为题论述，长寿与短命，在普通人看来，原本是二件事，但是，“曰夭寿，则一切顺逆皆该之矣。”即就个人言，自己的寿命，只要是寿终正寝，就没有短命与长寿的分别（皆该之：前世的因，结今世的果）。比如孔先生算了凡先生53岁寿终正寝，了凡立命后，是74岁寿终正寝的，均为足寿后去世的，74岁没有长寿，53岁的也不是短命。当能够认命（或认宿命，或认立命）时，哪有长寿与短命的区别？一旦认命（或认宿命，或认立命），即不怨天尤人，就是不动念，在此立长寿的志，端正初心，改过、积善，寿命自然增加了。推而广之，贫富和贵贱的立命也是同理。了凡先生未求长寿而自得，为什么？因为他玩熟了立命的要义“不动念”了。

（四）义理再造之身的“不动念”

“至修身以俟之，乃积德祈天之事。曰修，则身有过恶，皆当治而去之；曰俟，则一毫觊觎，一毫将迎，皆当斩绝之矣。到此地位，直造先天之境，即此便是实学。”

云谷禅师在这一节把“义理再造之身”称之为“积德祈天之事”，又称之为“直造先天之境”，均为同意语，前者指未达义理再造之身时，后者指已成义理再造之身时，读者对此不要眼花缭乱了。而“至修身以俟之”的“俟”，即“不动念”。义理再造之身的要义仍然是“不动念”。但是，常人不得立命，一方面对过恶不能做个彻底的转变；一方面，就是一修身，就想得好，得不到好，就灰心，进而对修身失去信心，功归一篑。解决此问题的办法是“皆当治而去之”“皆当斩绝之矣”，即修身要立金刚不坏之志！特别强调立志对再造义理之身的重要性。到此，义理再造之身的“不动念”，就是“立金刚不坏之志”！

了凡先生对云谷禅师传授的这一节内容最有心得，其在本书的第四篇《谦德之效》末尾专门向读者报告“古语云：有志于功名者，必得功名；有志于富贵者，必得富贵。人之有志，如树之有根，立定此志，须念念谦虚，尘尘方便，自然感动天地，而造福由我。”其中的“自然感动天地”即为义理之身再造！

（五）佛家的“不动念”的技术化

“汝未能无心，但能持准提咒，无记无数，不令间断，持得纯熟，于持中不持，于不持中持。到得念头不动，则灵验矣。”

“汝未能无心”，此处“无心”，即“不动念”。这是云谷禅师第二次谈到“无心”的概念，第一次是跟了凡先生一开始谈话时“人未能无心，终为阴阳所缚，安得无数。”此次，是在与了凡先生结束谈话时。云谷禅师用“无心”引出他与了凡先生谈话的主题，进行了充分的理论阐述，指出佛家立命学问的“无心”，与其他学派立命学问的“不动念”为同意语，最后把“无心”给技术化。有理论，有技术，将完整的立命学问传授给了凡先生。妙哉！

就“不动念”言，云谷禅师之前一直在做理论的阐述，是在为了强调此为各家立命学问的共同之处，以帮助了凡先生对立命的学问建立坚定的信心！同时，也让了凡先生发现，各家就“不动念”只停留在理论层面，包括立金刚之志，仍然属于理论层面。唯有佛家有具体的、技术性的方法，那就是持咒！云谷禅师传授了凡先生佛家名咒：准提咒！

那个年代，准提咒是密传的，直到了凡先生写《立命之学》给儿子天启，也没有把准提咒的内容写进文章，只是强调要他儿子“熟玩”。准提咒是宝物，不示众！是密咒，只能是口口相传，是密传！现在，资讯发达，找准提咒的内容很方便，是公开传。可是，读过《了凡四训》的，少有持准提咒的。以下是我在网上找到的准提咒：

“南无飒哆喃。三藐三菩陀。俱胝喃。怛侄他。唵。折戾主戾。准提娑婆诃。”

注音：nā mó sà duō nán。sān miǎo sān pú tuó。

jù zhī nán。 dá zhí tuō。ǎn。zhé lì zhǔ lì。zhǔn tí suō pó hē。

准提咒只念这几句也可：“唵。折戾主戾。准提娑婆诃。”

佛家咒是对治妄念的药，即是对治觊觎之心和将迎之心等妄念的药。

持咒，本身也是心动的表现。妄念，也是心动的表现。

但是，咒是善念或是净念，妄念为恶念。以善念或净念取代恶念，这叫以动治动，以善（净）治恶。

善念多了，也成“妄”，所以，要纯一，持一个咒，不换题目，叫善（净）念纯一。纯一，即不动念。

没有了觊觎之心和将迎之心，能立志改过，义理之身完成再造，宿命就彻底被踢破了。

十二、内求与外求——人生努力的方向

（一）功名富贵，如何求得？

“余进曰：孟子言‘求则得之，是求在我者也。’道德仁义，可以力求；功名富贵，如何求得？”

“云谷曰：孟子之言不错，汝自错解了！”

了凡先生受孔先生影响，认为“进退有命，迟速有时”，所以儒生力求的只能得道德仁义。现在受云谷禅师对“数”是“可逃”的肯定回答后，好奇的提出“功名富贵，如何求得”。

（二）人生努力的正确方向是内求法

“求在我，不独得道德仁义，亦得功名富贵；内外双得，是求有益于得也。”

注意，云谷禅师讲的“道德仁义”和了凡先生讲的“道德仁义”形似神不似，即内涵不一样。了凡先生在见到云谷禅师前，以“五策”在儒生中扬名，是品学兼优的儒生；但是，其有“不耐烦剧，不能容人，时或以才智盖人，直心直行，轻言妄谈”的性格特点及其他不良习性，这些问题，在云谷禅师的启发下，后被了凡先生肯定为“过恶”（“其余过恶尚多，不能悉数”）。既然是“过恶”，当然是背离道德仁义的。所以，云谷禅师对曰“汝今既知非，将向来不发科第，及不生子相，尽情改刷。”了凡先生讲的为一般意义上的“道德仁义”；云谷禅师讲的“道德仁义”特指一个人性格和习性中的不善情形。

行文至此，关键是“求在我”的“求”，“内求”是“尽情改刷”，所谓刀刃向内，自我革命。

（三）内求得功名富贵的原理

——汝不见六祖说：“一切福田，不离方寸；从心而觅，感无不通。”

“一切福田”，包括功名和富贵在内的人所期盼的好事情。“方寸”，即心。“不离方寸”，都蕴藏在心。“从心而觅”，向心要（内求）。“感无不通”，致诚恳切，有求必应。

儒家《孟子·尽心章》也有与六祖之说一致的话：“万物皆备与我矣，反身而诚，乐莫大焉。”

“一切福田，不离方寸”与“万物皆备与我矣”为同意语。“从心而觅，感无不通”与“反身而诚”为同意语。

以上为内求得功名富贵的原理。

——《易》为君子谋，趋吉避凶；若言天命有常，吉何可趋，凶何可避？开章第一义，便说：积善之家，必有余庆。

——凡祈天立命，都要从无思无虑处感格。

“祈天”与“立命”为同意语。立命着眼在“无心”上，而“无心”与“诚”相应，“从无思无虑处感格”即“诚”而又“诚”。

——至修身以俟之，乃积德祈天之事。曰修，则身有过恶，皆当治而去之；曰俟，则一毫觊觎，一毫将迎，皆当斩绝之矣。到此地位，直造先天之境，即此便是实学。

（四）内外双得是求有益于得也

搞明白内求得功名富贵的原理，生出信心来，云谷禅师称“求在我，不独得道德仁义，亦得功名富贵；内外双得，是求有益于得也”。儒家孟子称“乐莫大焉”，此处“乐”，是因为“不独得道德仁义，亦得功名富贵。”前一个“得”为改过迁善；后一个“得”为宿命中没有的功名富贵！无中生有叫“得”！

（五）外求是错误的人生方向

“若不反躬内省，而徒向外驰求，则求之有道，而得之有命矣！内外双失，故无益。”

云谷禅师明确指出，想入非非，贪得无厌，不择手段，不顾道德，攀附权贵，坑蒙拐骗，巴结讨好等拼命的“驰求”，所得不外宿命中有的，且“积不善之家必有余殃”，“驰求”的手段卑劣，宿命中有还要消减。形成内失道德，外失功名富贵。为道家尤其看中。《谦德之效》例证中“张由此折节自持，善日加修，德日加厚。丁酉，梦至一高房，得试录一册，中多缺行。问旁人，曰：此今科试录。问：何多缺名？曰：科第阴间三年一考较，须积德无咎者，方有名。如前所缺，皆系旧该中式，因新有薄行而去之者也。后指一行云：汝三年来，持身颇慎，或当补此，幸自爱。是科果中一百五名。”可谓证据确凿！

（六）治学也存在内求法与外求法的区别

上述内求法与外求法，与求学（治学）的内求法与外求法内涵不同。由于儒释道治学法是以内求法为要义，所以在此有必要说明一下。

“书读百遍其义自见”是治学法，其中“读书百遍”是外求法与内求法兼用：“读书”为外求法——识字、阅读；“百遍”为内求法——静、定。“其义自见”是内求法——由定而慧。通俗的说法，就是书在读百遍后，头脑中即会对不理解的地方反复浮现思考，不知什么时候，突然理解了，就是茅塞顿开的那种情形，是开智慧法。

十三、对立命之学中“天”的解释

云谷禅师给了凡先生讲授的立命论，立论依据是“汝不见六祖说：一切福田，不离方寸；从心而觅，感无不通”和“积善之家，必有余庆”。这是中国传统文化中，一切立命论的基础，为立命论的“根”和“本”。换句话说，立命不是依靠形而上的他力赐予，而纯属于自力获取。或自“无心”中显现，或遵循因果规律。对立命之学中“天”的理解，要建立在此立命论的基础之上。

“天不过因材而笃，几曾加纤毫意思。”此处的“天”，可以解释为自作自受，为三世（过去世、现在世、未来世）因果论。

“夫血肉之身，尚然有数；义理之身，岂不能格天。”此处的“天”，要与“格”一起解释，可做立命解释。

“太甲曰：天作孽，犹可违。”此处的“天”要与“孽”一起解释，指宿命。

“若言天命有常，吉何可趋，凶何可避？”此处的

“天”要与“命”一起解释，指宿命。

“至修身以俟之，乃积德祈天之事。”此处的“天”要与“祈”一起解释，指立命。

“到此地位，直造先天之境，即此便是实学。”此处的“天”要与“先”一起解释，指立命。

最后要指出，人的“命”，有共同性的命和差异性的命之分。共同性的命，人人具足，是生而平等的。佛家对此有清楚的揭示。六祖说：“何期自性本自具足”，共同性的命，佛家称为“自性”。

差异性的命，为人人不同，受因果关系的制约，为三世因果论，成为各个人的宿命。“世间享千金之产者，定是千金人物；享百金之产者，定是百金人物；应饿死者，定是饿死人物；天不过因材而笃，几曾加纤毫意思。”即为此。

立命法是宿命中本没有，通过立命而有了，是无中生有法，不是宿命基础上的加减乘除法，以“不动念”为绝学，以发大愿心，做个转变，扩充德性，多积阴德，持准提咒为具体方法。

十四、了凡先生立命的初发心

“以报天地祖宗之德”是了凡先生立命的初发心，体现了了凡先生立命的宗旨，回答了了凡先生立命的终极目标。这是《立命之学》中，了凡先生现身说法非常重要的一个情节。

对这句话，读《了凡四训》者，大多是忽略的。这也是许多读《了凡四训》不得受用的原因之一。

云谷禅师传授了凡先生的立命学问，是教了凡先生立一个义理再生之身，即“汝今既知非，将向来不发科第，及不生子相，尽情改刷；务要积德，务要包荒，务要和爱，务要惜精神。从前种种，譬如昨日死；从后种种，譬如今日生。此义理再生之身也。夫血肉之身，尚然有数；义理之身，岂不能格天。”既然是要立一个“义理之身”，那么，一定有一个初发心先要建立起来，换句话说，就是立“义理之身”的动机和目的要清晰、端正。不这样，义理之身无扎根之处！

了凡先生立命的初发心就是“以报天地祖宗之德”，“天地”者，国家也；“祖宗”者，圣贤也，先人也，父母也；“之德”者，报恩也。

对“以报天地祖宗之德”，了凡先生在《立命之学》的文末教子立命中，又进一步具体化为“远思扬祖宗之德，近思盖父母之愆；上思报国之恩，下思造家之福；外思济人之急，内思闲己之邪”。而在《谦德之效》的文末，上升为“孟子曰：王之好乐甚，齐其庶几乎？予于科名亦然”。读者要前后联系读。

一句话，立命，不是为自己，而是为国家、为大众！求科第，是这样！求富贵也是这样！

凡立命，必先发愿！

十五、改过要贯通立命的全过程

“云谷曰：汝自揣应得科第否？应生子否？”这是云谷禅师教了凡先生立命时，给了凡先生起的题目。

“余追省良久”了凡先生思考这个题目，用了很长时间，或一天，或两天，或三天，或七天？反正不是即问即答。了凡先生是下功夫找自己过恶所在。这一情节，读者要引起重视！宿命的问题找不出来，立命就找不到下手处！这就是我提醒读者要重视这一节的原因。所以，发现宿命的问题，是立命的下手处。而宿命的问题，即是过恶的问题，为一体两面，其原理为古人所谓的相由心生。宿命是相，为果；过恶是心，为因。属于因果关系范畴。

“其余过恶尚多，不能悉数”“因将往日之罪”这两个情节，表达了其对自己之过的认识，经历了由“过”，到“恶”，又到“罪”的，由浅至深的认识过程，可谓深刻！“因将往日之罪，佛前尽情发露，为疏一通。”这一情节，是说了凡先生把反省的不登科第和无子的罪恶，毫无保留的写了出来，在佛像之前大声检讨自己，让佛像为其证明。表达了他要奉行云谷禅师“从前种种，譬如昨日死；从后种种，譬如今日生”教导的决心和意志！开启迈向“豪杰”之路了！

“从此而后，终日兢兢，便觉与前不同。前日只是悠悠放任，到此自有战兢惕厉景象。在暗室屋漏中，常恐得罪天地鬼神。遇人憎我毁我，自能恬然容受。”了凡先生，离开云谷禅师，回到他的日常生活中，整个人的精神面貌为之一变，即由凡夫的气质开始向豪杰的气质转变。“然行义未纯，检身多误。或见善而行之不勇，或救人而心常自疑，或身勉为善，而口有过言，或醒时操持，而醉后放逸。以过折功，日常虚度。自己巳岁发愿，直至己卯岁，历十余年，而三千善行始完。”在立命的最初十余年，了凡先生游走于“豪杰”和“凡夫”之间，改过一事，虽然存在进进退退的情形，但是，总体上是方向不错的。由此可知，宿命的改变，不是一蹴而就，需要立下志来，坚定不移的一直走下去，方可有成就。

了凡先生借由改过的实践，对改过的困难认识是深刻的，有着切身的体悟，就此，他在教子立命时，为他儿子指示：“务要日日知非，日日改过。一日不知非，即一日安于自是；一日无过可改，即一日无步可进。天下聪明俊秀不少，所以德不加修，业不加广者，只为因循二字，耽搁一生。”在

《谦德之效》中就改过一事，又升级为“念念谦虚，尘尘方便”。

了凡先生年轻时是“聪明俊秀”之人，他儿子也是，以至于天下读书不得志之人，在年轻时，哪一个不是“聪明俊秀”之人！这些人的不得志，问题的根源在自己走的是“因循”，即自以为是或得过且过之路，不懂得圣贤立命的学问，从而一条路走到黑，耽搁一生！

了凡先生，如果不拜访云谷禅师，也会耽搁自己一生。可见好学对一个人的重要性。了凡先生初号“学海”，改号为“了凡”，前期为凡夫的好学，是向外求，后期转变为豪杰的好学，是向内求。好学是好事，但是方向要对头！知识层面的学习，是向外求；智慧层面的学习，是向内求。这个区分要建立起来。立命，属于智慧层面，一定是向内求，改过是下手处，贯通整个过程。《改过之法》和《谦德之效》，是了凡先生集自己内求改过的体悟和古人相关智慧的大成之作品，凡立命者，为必学，且要“熟玩之”！

十六、了凡先生改过的两个方法

“云谷出功过格示余，令所行之事，逐日登记；善则记数，恶则退除。”使用功过格改过，大概流行于当时，或者功过格的运用古已有之，了凡先生起码听说过，所以云谷禅师建议他运用。对功过格的运用，了凡先生是接受的，且一直在使用。成为其改过的一个方法。

“余置空格一册，名曰治心编。晨起坐堂，家人携付门役，置案上，所行善恶，纤悉必记。”这是本文要强调的，是被读者忽略的，了凡先生自创的一个改过的方法。即对“治心编”的运用。

治心编的发明和运用，是对治脾气的！是对治在工作中产生的负面情绪的。

了凡先生的工作有那么多可能产生负面情绪的情况吗？是的，因为他有一项主要工作，就是审理案件。案件的审理，当事人的陈述真真假假、证据的虚虚实实、案件的扑朔迷离，很容易引发审理者的负面情绪，着急、上火大概是常态。

了凡先生是地方首脑，不当家，不知道柴米贵。公务员中，大小单位的一把手，少有好脾气的。

何况了凡先生性格中存在“不耐烦剧，不能容人”“直心直行，轻言妄谈”“余善怒”的问题。

脾气是恶！了凡先生深知负面情绪对立命的害处，所以，他针对性的发明治心编，运用治心编对治负面情绪。可谓对治有方。

读《了凡四训》者，要认识到脾气是恶，了凡先生的儿子天启，任地方一把手时，在救灾工作中着急上火，至累死。可见，了凡先生教他立命的精髓，他大概没有做到悉心领会和运用自如。

古语：“人人有个好命，就是脾气不好，把命给带坏了”，脾气可具体化为“恨怨恼怒烦”，还包括着急、生气、上火等等触动心理的负面情绪。要去脾气！

十七、了凡先生未刻意立寿数而自得

“孔公算予五十三岁有厄，余未尝祈寿，是岁竟无恙，今六十九矣。”

了凡先生虽然未刻意立寿数的命，但是，他一直在行立寿数的事，比如“余置空格一册，名曰治心编。晨起坐堂，家人携付门役，置案上，所行善恶，纤悉必记。夜则设桌于庭，效赵阅道焚香告帝”。此情节是去脾气、行悲悯，属于戒杀范畴。比如每次善数完成，均做一次回向的仪式，此情节为德惠众生，广利有情，属于爱满天下范畴。

另外，要在《改过之法》中发现他立寿数的事，即“如前日杀生，今戒不杀；前日怒詈，今戒不怒；此就其事而改之者也。”“如过在杀生，即思曰：上帝好生，物皆恋命，杀彼养己，岂能自安？……其余种种过恶，皆当据理思之。此理既明，过将自止。”“过有千端，惟心所造；吾心不动，过安从生？……执下而昧上，则拙矣。”此处，了凡先生特别提示戒怒、戒杀！而由戒事，到明理，到治心（开智慧），即为了凡先生力行戒怒、戒杀的心得体会也。

戒怒、戒杀，了凡先生立起了寿数的义理之身！

十八、了凡先生立命的仪式

了凡先生是一位非常真诚的人，换句话说，他是一个老实人。这样的品格，吸引孔先生和云谷禅师都愿意主动的教导他，孔先生收他为徒，把毕生所学传于他，而云谷禅师授他准提咒，传他立命的学问。

了凡先生的真诚表现于他立命过程中的仪式上。

“余信其言，拜而受教。因将往日之罪，佛前尽情发露，为疏一通，先求登科，誓行善事三千条。”在佛像之前一板一眼的做检讨，此为仪式。

“自己巳岁发愿，直至己卯岁，历十余年，而三千善行始完。时方从李渐庵入关，未及回向。庚辰南还，始请性空、慧空诸上人，就东塔禅堂回向。”“至癸未八月，三千之数已满。复请性空辈，就家庭回向。”“吾即捐俸银，请其就五台山斋僧一万而回向之。”了凡先生是在佛殿中，在佛像面前发的立命初心“以报天地祖宗之德”，所以，他在所许善数完成后，仍然向佛家做汇报，以示未忘初心，此为仪式。

“余置空格一册，名曰治心编。晨起坐堂，家人携付门役，置案上，所行善恶，纤悉必记。夜则设桌于庭，效赵阅道焚香告帝。”了凡先做去脾气的功课，是真干！他通过这个仪式，警示自己不自欺！

回向，为佛家文化的术语，佛家以自觉觉他为己任，了凡先生改过迁善为自救（自觉），此自救（自觉）之举，可以格天，由此而有子，登科第；但是，自救不为自己享受，同时还为救人（觉他），一方面证明圣贤立命论的正确性，以唤醒后人对圣贤之教的信心，一方面发心以自己的能力普惠大众。回向的意思，就是自救救人，自觉觉他，己立而达人。

了凡先生的老实还表现在《立命之学》中，“盖宝坻之田，每亩二分三厘七毫。余为区处，减至一分四厘六毫。”“善心真切，即一行可当万善，况合县减粮、万民受福乎。”的政绩，但是他仍然不苟且，捐俸银就五台山斋僧一万，斋一人为一善，一万人为一万善，老老实实完成其许一万善数的愿。

了凡先生立命过程中的这些仪式，现在的读者要做正确的认识，不要认为是迷信。

对心浮气躁的人言，立命的仪式是有必要的。可以警惕自己要听话、真干！

老实、听话、真干！自然立起命来！

十九、历十余年，而三千善行始完

“然行义未纯，检身多误。或见善而行之不勇，或救人而心常自疑，或身勉为善而口有过言，或醒时操持而醉后放逸，以过折功日常虚度。自己巳岁发愿，直至己卯岁，历十余年，而三千善行始完。”了凡先生许善行三千，十余年才完成，是因为看视善行不少，然而“以过折功”就少了。可见了凡先生在老实奉行云谷禅师不能有“一毫觊觎，一毫将迎”的教导，老实运用功过格。再造义理之身，难在初始阶段，了凡先生的初始阶段是十余年，这个时间要引起我们重视。当代资讯发达，我们整天在刷手机，拼命的往大脑里边装东西，大脑里装的东西，可谓乱七八糟，要比了凡先生大脑里装的东西复杂太多了。我们还没有扎实的儒释道文化的底子，了凡先生静坐可以三天三夜而不起妄念，我们连30分钟都坐不下来，为什么？因为妄念纷飞，大脑静不下来。大脑静不下来，身子就坐不住。怎么对治我们现在大脑里乱七八糟的问题？大概除了持准提咒或持佛菩萨名号，再没有好办法了。要看自己一天，是持佛菩萨名号的时间多，还是刷手机、看电视、玩游戏、聊天等等在网络上的时间多，做这个对比，引起警觉。我们要是发愿再造一个义理之身，初期阶段，肯定要大大超过十余年！

“人生世间，惟死生为重。”看看自己在读《了凡四训》时的年龄吧！

二十、简约版的《张畏岩立命之学》

《了凡四训·谦德之效》：江阴张畏岩，积学工文，有声艺林。甲午，南京乡试，寓一寺中，揭晓无名，大骂试官，以为眯目。时有一道者，在傍微笑。张遽移怒道者。道者曰："相公文必不佳。"张益怒曰："汝不见我文，乌知不佳？"道者曰："闻作文，贵心气和平。今听公骂詈，不平甚矣，文安得工？"张不觉屈服，因就而请教焉。道者曰："中全要命。命不该中，文虽工，无益也！须自己做个转变。"张曰："既是命，如何转变？"道者曰："造命者天，立命者我。力行善事，广积阴德，何福不可求哉？"张曰："我贫士，何能为？"道者曰："善事阴功，皆由心造，常存此心，功德无量。且如谦虚一节，并不费钱，你如何不自反，而骂试官乎？"张由此折节自持，善日加修，德日加厚。丁酉，梦至一高房，得试录一册，中多缺行。问旁人，曰："此今科试录。"问："何多缺名？"曰："科第阴间三年一考较，须积德无咎者，方有名。如前所缺，皆系旧该中式，因新有薄行而去之者也。"后指一行云："汝三年来，持身颇慎，或当补此，幸自爱。"是科果中一百五名。

此篇为简约版的《张畏岩立命之学》，是与了凡先生的《立命之学》相比较而言的，读者可互参。愿意系统学习立命之学的，多读后者；喜欢简单的，多读前者。依教奉行，均可立起命来。

了凡先生立命，得益于佛家人物教导。张畏岩先生立命，得益于道家人物教导。但是，两个人的教育基础，均为儒家。可见，学问贵兼通。

云谷禅师教了凡先生再造义理之身，取儒释道精髓，为宏大（高远）；道者教张畏岩先生"须自己做个转变"，直指登第，为现实。

云谷禅师启发了凡先生自省，教他"务要积德，务要包荒，务要和爱，务要惜精神。"也是要了凡先生自己做个转变。但是，教导较为宽泛和委婉；道者直言"且如谦虚一节，并不费钱，你如何不自反，而骂试官乎？"教导直指症结所在，不留情面。

了凡先生对云谷禅师的教导为信服；张畏岩先生对道者的教导为屈服，即不得不服。后者信的程度更大一些。

道者所教"善事阴功，皆由心造，常存此心，功德无量。"与云谷禅师所教一致。此为立命的紧要之处。道者是概括而言，云谷禅师是系统讲授。

了凡先生奉行立命，第二年宿命就改变了，但是，初始改过迁善费时十余年；张畏岩先生费时三年改变宿命而中举。费时不同，大概源于两个人信的程度不同，张畏岩先生是“屈服”，信的程度要高于了凡先生，毕竟了凡先生有“或身勉为善，而口有过言；或醒时操持，而醉后放逸。”

大概还源于了凡先生初起没有认识到谦卑的重要性，没有在改骄傲为谦卑上切入；而张畏岩先生直接从转骄傲为谦卑处下手。下手不同，自然效果不一。可见下手之处的重要！

了凡先生也是很骄傲的呀！此骄傲，在他身上一直延续着，只是先后程度不同而已。窃以为，了凡先生在援朝战争中与提督李如松的冲突本可避免的，但是，他选择了当面指责。与《谦德之效》他主张的“须念念谦虚，尘尘方便”相联系，理解他当面指责李如松的行为，当然不是“尘尘方便”了，所以，冲突发生，只能归责于他的骄傲习气未去。此骄傲习气，感应李如松将他几乎陷入绝境，感应回国后遭遇李的诬陷弹劾被停职返乡。所以到晚年，了凡先生著《谦德之效》以警示后人。大概到此篇文章作出，了凡先生才由骄傲转变成谦卑。读者对此要细查，以警惕自己！

对“汝三年来，持身颇慎”要重视起来，此与“须自己做个转变”相应。由此，张畏岩先生改变了宿命。

此篇简约版的立命之学，突出一个转“骄傲”为“谦卑”的立命方法，即突出了立命的下手处，是对成绩优秀却屡试不第的考生量身定做的立命方法。

张畏岩先生立命是靠“自己做个转变”。所以，简约版的立命之学，其方法就是转“骄傲”为“谦卑”。一个贫士立命的典范。张畏岩先生立命与了凡先生的不同之处，是张畏岩先生未发大心愿、未持准提咒。

此简约版的《张畏岩立命之学》启发后人：举凡在一个领域有成绩者，无不骄傲满满！而挫折又时刻可遇。而这些娇子立命又很简单，就是打掉骄傲，低下高贵的头！

保富贵长久亦然！

二十一、了凡先生立命经历分析

“从此而后，终日兢兢，便觉与前不同。前日只是悠悠放任，到此自有战兢惕厉景象，在暗室屋漏中，常恐得罪天地鬼神；遇人憎我毁我，自能恬然容受。”了凡先生做了个转变，宿命开始改变。

（一）阶段性立命问题。先立中举人的命，一考中举。又立生子的命，第二年就生下儿子。再立中进士的命，一考即中。未刻意立寿命，是年无恙。问题来了，许三千善数中举，十余年完成，这中间为什么没有生下儿子？了凡先生是在现世报的因果关系上立命的，了凡先生想的就是分阶段立命，这个“想法”即播下了种子，三次种因，三次结出相应的果。而对延长寿命没有想法，恰恰成为在“无心”上立命，“凡祈天立命，都要从无思无虑处感格。”所以，短命的宿命不求自变。云谷禅师传授的，无心即不落因果关系立命法和现世报因果关系立命法，了凡先生都兑现了。

（二）恶缘出现，与恶因结合，已立仕途之命轰然倒下。了凡先生援朝期间，意气用事，跟领导直面冲突，均为恶缘，此缘与前世无超过四川一大尹官位的因结合，结出被诬陷罢官的恶果，仕途一事回归宿命。

（三）重新立官职的命。归隐之后，他对这一立命过程出现的挫折深刻反思，找到了自己“直心直行”这个骄傲习气未尽的症结，重新立命，行“念念谦虚，尘尘方便”法。他行此立命法的结果，是在他百年后，冤情被洗，还被加封“尚宝司少卿”官衔。“曰修，则身有过恶，皆当治而去之。”云谷禅师所称，的为明训！立命要彻底，唯有改过要彻底，过有万种，以“骄傲”习气改变最难，所以，“念念谦虚”，在念头（心）上改；“尘尘方便”，在生活工作中，时时、事事、处处小心脾气被诱发。“念念谦虚，尘尘方便”的大白话，就是行方便法，不跟任何人事物搞对立！

（四）享世名之命不立自得。归隐后，他通过现身说法传播圣贤立命法，由此享世名！而在孔先生的预测中，他没有享世名之福。此为在“无心”上立命。

（五）有必要解释了凡初始为什么不立生子的命，而是先立中举的命。儒家以本分立命，了凡先生是儒生，国家供养他在国子监读书，儒生的本分就是考举人、进士，以大用于国家，所以，他自然要先立中举的命！

（六）了凡先生毫不遮掩的提问“功名富贵，如何求得？”有学习者对此难以理解，认为了凡先生是个功利心很重的人，由此否定《了凡四训》的价值。云谷禅师教了凡先生立的是入世的命，入世，不追求功名富贵，还有什么？而儒生，不追求功名，不追求官职，又追求什么？只是得功名富贵的存心需要拷问！所以，了凡先生学习入世的立命法，即考取功名获得富贵，存心是“报天地祖宗之德”，而不是自己享用！了凡先生为政时，兑现了他的愿心，正因为他作《了凡四训》，使得圣贤立命之学和立命教育得以传承，进一步实现了其宏大愿心！

二十二、立命之学即“换心”之学

（一）《立命之学》之“三心”

“人未能无心，终为阴阳所缚，安得无数？但惟凡人有数。”“阴阳”为二，为分别心，与无心对应，为“有心”。“从前种种，譬如昨日死；从后种种，譬如今日生。”是把“有心”转化为“存心”。“夫血肉之身，尚然有数”——“夫血肉之身”与“有心”相应；“尚然有数”即宿命，遵循三世因果报应规则。“义理之身，岂不能格天”——“义理之身”与“存心”相应；“岂不能格天”即立命，遵循现世因果报应规则。

“无心”即无宿命，不受因果关系约束。“有心”为宿命所控，受三世因果关系约束。“存心”改变宿命，受现世因果关系约束。此为《立命之学》中的“三心”。

云谷禅师传授了凡先生的“无心”立命法是“汝未能无心，但能持《准提咒》，无记无数，不令间断，持得纯熟，于持中不持，于不持中持。到得念头不动，则灵验矣”。

传授了凡先生的“有心”转换为“存心”立命法是“汝今既知非，将向来不发科第，及不生子相，尽情改刷；务要积德，务要包荒，务要和爱，务要惜精神。从前种种，譬如昨日死；从后种种，譬如今日生。此义理再生之身也。夫血肉之身，尚然有数；义理之身，岂不能格天”“至修身以俟之，乃积德祈天之事。曰修，则身有过恶，皆当治而去之；曰俟，则一毫觊觎，一毫将迎，皆当斩绝之矣。到此地位，直造先天之境，即此便是实学”“余信其言，拜而受教。因将往日之罪，佛前尽情发露，为疏一通，先求登科，誓行善事三千条”。此节讲“有心”转换为“存心”，集中表现为“以报天地祖宗之德”，此为发立命的大愿心！“大愿心”即为“存心”。

（二）《改过之法》之“三心”

“大都吉凶之兆，萌乎心而动乎四体，其过于厚者常获福，过于薄者常近祸；俗眼多翳，谓有未定而不可测者。至诚合天，福之将至，观其善而必先知之矣；祸之将至，观其不善而必先知之矣。”——“萌乎心”即“存心”，存心不同，吉凶不同。

“今欲获福而远祸，未论行善，先须改过。”——“过”为“有心”，“改过”即把“有心”转换为“存心”。怎么转换？要发耻心、发畏心、发勇心——“具是三心，则有过斯改，如春冰遇日，何患不消乎？”

由此可知，改过在立命之学中的重要性。

（三）《积善之方》之十例证

“凡此十条，所行不同，同归于善而已。”此节讲“存心”。

（四）《谦德之效》之“念念谦虚尘尘方便”

“立定此志，须念念谦虚，尘尘方便，自然感动天地，而造福由我。”——“念念”，即“心心念念”，“须念念谦虚”即心中一直存着谦虚，不敢丝毫松懈；“尘尘”即时时、处处，“方便”即不与人事物搞对立。心存谦虚，自然不会与人事物搞对立!此节讲在“存心”上下功夫。

（五）结 论

立命之学，大白话就是“换心”之学 ，即把“有心”转化为“存心”，所以，立命者“须做个转变”，由“血肉之身”转换为“义理再生之身”。不改过，即不能换心；不发大心愿，即不能明“存心”；不积善积阴德，即不能充实存心。了凡先生积一生对云谷禅师传授的义理再生之身立命之学的实证，其心得报告归结为一句话：“立定此志，须念念谦虚，尘尘方便，自然感动天地，而造福由我。”我等后生小子当悉心体会，依教奉行！以报圣贤立命之教化的恩德！

二十三、《了凡四训》警句摘要

（一）立命的机缘

然人之过恶深重者，亦有效验：或心神昏塞，转头即忘；或无事而常烦恼；或见君子而赧然消沮；或闻正论而不乐；或施惠而人反怨；或夜梦颠倒，甚则妄言失志。皆作孽之相也。苟一类此，即须奋发，舍旧图新，幸勿自误。（《改过之法》）

（二）欲立命先开慧

凡天将发斯人也，未发其福，先发其慧。此慧一发，则浮者自实，肆者自敛。（《谦德之效》）

（三）欲开慧先亲仁

法者，万世生灵之眼目也！不有正法，何以参赞天地？何以裁成万物？何以脱尘离缚？何以经世出世？故凡见圣贤庙貌经书典籍，皆当敬重而修饬之。至于举扬正法，上报佛

恩，尤当勉励。(《积善之方》)

(四)忠孝立命

在家而奉侍父母，使深爱婉容，柔声下气。习以成性，便是和气格天之本。出而事君，行一事，毋谓君不知而自恣也；刑一人，毋谓君不知而作威也。事君如天，古人格论，此等处最关阴德。试看忠孝之家，子孙未有不绵远而昌盛者，切须慎之。(《积善之方》)

(五)谦卑立命

辛未计偕，我嘉善同袍，凡十人，惟丁敬宇宾，年最少，极其谦虚。予告费锦坡曰：此兄今年必第！费曰：何以见之？予曰：惟谦受福。兄看十人中，有恂恂款款，不敢先人，如敬宇者乎？有恭敬顺承，小心谦畏，如敬宇者乎？有受侮不答，闻谤不辩，如敬宇者乎？人能如此，即天地鬼神，犹将佑之，岂有不发者？及开榜，丁果中式。(《谦德之效》)

(六)学问深时义气平

如前日好怒，必思曰：人有不及，情所宜矜。悖理相干，于我何与？本无可怒者。又思天下无自是之豪杰，亦无尤人之学问，行有不得，皆己之德未修，感未至也。吾悉以自反，则谤毁之来，皆磨炼玉成之地，我将欢然受赐，何怒之

有？（《改过之法》）

（七）立命法

求在我，不独得道德仁义，亦得功名富贵；内外双得，是求有益于得也。若不反躬内省，而徒向外驰求，则求之有道，而得之有命矣！内外双失，故无益。（《立命之学》）

念念谦虚，尘尘方便。（《谦德之效》）

以报天地祖宗之德。（在家庭做义工，在单位做义工，还有余力，再去社会上做义工。此为现代版的“报天地祖宗之德”。）（《立命之学》）

至修身以俟之，乃积德祈天之事。曰修，则身有过恶，皆当治而去之；曰俟，则一毫觊觎，一毫将迎，皆当斩绝之矣。到此地位，直造先天之境，即此便是实学。（《立命之学》）

汝未能无心，但能持《准提咒》（注：或持佛家名号），无记无数，不令间断，持得纯熟，于持中不持，于不持中持。到得念头不动，则灵验矣。（《立命之学》）

第三部分 《了凡四训》（敬分章节）评注

第一篇 立命之学

第一章 听父教学医

余童年丧父，老母命弃举业学医，谓可以养生，可以济人，且习一艺以成名，尔父夙心也。

评注：“弃举业”，放弃读书考秀才、举人、进士，从政。“可以养生”，在社会上可以立足，即立业（立身）。“可以济人”，做一个有益于社会的人。“习一艺以成名”，扬父母祖宗之德，《孝经》“立身行道，扬名于世，以显父母，孝之终也。”“尔父夙心”，父亲的遗教。教育都是在对受教者的价值观指路。父母教，是给孩子的价值观打底子。了凡先生的父母教，路子指得很正，底子打得很好，好就好在教孩子学一技之长以立业（立身），做一个有益于社会的人。《易经》“童蒙养正，圣功也”。此节内容要读出了凡先生的孝德！孝为道德人格之根！还要读出了凡先生的母教！

第二章　听孔先生教读书求仕途

第一节 拜孔先生为师

后余在慈云寺，遇一老者，修髯伟貌，飘飘若仙，余敬礼之。语余曰：“子仕路中人也，明年即进学，何不读书？”

评注：“慈云寺”，古代的寺，好比现在的研究院，是个做学问的地方，有大量的图书，供人借阅，主持都很有学问，都是学者。了凡先生从小就好学，自然愿意去书多的地方。“慈云寺”为其常去之所。他在此地读书，被一长者注意。当代的佛寺，也有很多图书，以佛家典籍为主，不随便借阅，但是有公益图书赠送。可惜现在的佛寺，已经不再是做学问的地方，成为商业观光场所和宗教场所，脱离了佛陀教育的宗旨。但是，佛家学问，始终在典籍里，而不在佛寺里，古今一致，这个没有疑问。大众亲近佛陀教育，要向典籍求，走“书读百遍其义自见”的路子，读熟后，可以在网络寻找相关典籍的讲解视频，找老师也很方便，佛家典籍在网上找也很方便。此节内容要读出了凡先生的敬德！敬为道德人格之本！

余告以故，并叩老者姓氏里居。曰：“吾姓孔，云南人也。得邵子皇极数正传，数该传汝。”余引之归，告母。母曰：“善待之。”试其数，纤悉皆验。

评注："数该传汝"，孔先生主动提出，要收了凡先生做弟子。"余引之归，告母"，孔先生希望见到了凡先生的家长，征求家长的意见。"母曰：善待之"，了凡先生的母亲感到很惊喜。"试其数，纤悉皆验"，孔先生为了凡先生的家人，均做了命理推算，获得大家的信任。《皇极数》传到了凡先生之后，了凡先生后因云谷禅师的教导，掌握了立命的学问，不再重视宿命学问的传承，所以，了凡先生没有传承《皇极数》，导致该学问绝传，实为道家文化的一大损失！此节内容要读出了凡先生的母教！

余遂起读书之念，谋之表兄沈称。言："郁海谷先生，在沈友夫家开馆，我送汝寄学。甚便。"余遂礼郁为师。

评注："余遂起读书之念"，在孔先生的建议下，家人对了凡先生的成长，达成一致意见，弃学医，去读书考科举。了凡先生如果没有遇到孔先生，就没有《了凡四训》，那么，我们就不知道怎么立命了。依了凡先生的好学，他学医，也会有成就。此节内容要读出了凡先生的悌德！悌德为孝德的延伸！也为道德人格之根！

第二节 我的宿命

孔为余起数：县考童生，当十四名；府考七十一名，提学考第九名。明年赴考，三处名数皆合。复为卜终身休咎，言某年考第几名，某年当补廪，某年当贡。贡后某年，当选四川一大尹，在任三年半，即宜告归。五十三岁八月十四日丑时，当终于正寝，惜无子。余备录而谨记之。

评注：53岁去世，世人多以为短命，其实，这是寿终正寝，为宿命使然。活百岁者，也非长寿，也为宿命使然。皆为寿终正寝。

自此以后，凡遇考校，其名数先后，皆不出孔公所悬定者。独算余食廪米九十一石五斗当出贡，及食米七十一石，屠宗师即批准补贡。余窃疑之。后果为署印杨公所驳。直至丁卯年（公元1567年），殷秋溟宗师见余场中备卷，叹曰："五策，即五篇奏议也，岂可使博洽淹贯之儒，老于窗下乎？"遂依县申文准贡。连前食米计之，实九十一石五斗也。

评注：不是署印杨公不识才，也不是殷秋溟宗师识才，而是了凡先生为宿命所困，出贡的时间未到。所以，个人机遇，不存在遇到贵人，遇到小人之说，完全是宿命在捉弄自己。懂得宿命，就要懂得这个人际关系。这叫做看得破，然后要放得下！不因此与人结怨。了凡先生一路读书，对儒家的学问，遇到的老师，都不能做出正确的解释。所以，了凡先生为宿命所困，实为没有遇到良师益友，智慧不开。可见遇良师之难，古今一样！由此可知，寻求人生导师，是人生非常重要的一件事情，活到老，找人生导师找到老！人生导师在哪里？传统经典即是！传统经典靠得住！要靠熟读经典开智慧。智慧一开，宿命的枷锁不打自开！“五策，即五篇奏议也，岂可使博洽淹贯之儒，老于窗下乎？”了凡先生才高八斗，是理政的大才体，而其“五策”，使得了凡先生在师生中享有声誉，可惜为宿命所困！

第三节 对孔先生传授的学问下功夫

余因此益信，“进退有命，迟速有时”，澹然无求矣。贡入燕都，留京一年，终日静坐，不阅文字。

评注：对孔先生传授的学问深信不疑了，“澹然无求”成为了凡先生的学养，他不再考试和谋仕途上费心力了，所谓乐天知命。把课余精力和时间，用于学习孔先生传授的学问，学习静坐。静坐功夫突飞猛进，为后来拜见云谷禅师打下了基础。了凡先生留有关于静坐的学问，目前有上海古籍出版社2018年8月版的《袁了凡静坐要诀》。

第三章 听云谷禅师教立命

第一节 拜访云谷禅师遇大考

己巳（公元1569年）归，游南雍，未入监，先访云谷会禅师于栖霞山中，对坐一室，凡三昼夜不瞑目。

评注：了凡先生好学，他早年（15岁左右）在慈云寺巧遇孔先生，成为孔先生的弟子，孔是他的第一位人生导师，影响了他21年。36岁在栖霞山拜访云谷禅师，自此，人生发生转变，云谷禅师成为其第二位人生导师，影响了他38年。我们读《了凡四训》，懂得立命，学会立命，自此，我们的人生分作两个阶段，之前人生受宿命摆布，之后人生由自己把控。读《了凡四训》，何其幸哉！了凡先生和《了凡四训》成为立命者的导师！寻找人生导师，依了凡先生的经验，人生导师多在民间。在当代，人生导师多在网络里！网络就是民间。此节内容也要读出了凡先生的敬德。

第二节　豪杰与凡夫

云谷问曰："凡人所以不得作圣者，只为妄念相缠耳！汝坐三日，不见起一妄念，何也？"余曰："吾为孔先生算定，荣辱生死，皆有定数，即要妄想，亦无可妄想。"云谷笑曰："我待汝是豪杰，原来只是凡夫。"

评注："不见起一妄念"，三天三夜，不吃饭，不喝水，不上厕所，不打瞌睡，不拒蚊虫，不惧凉热。静坐三天，感动云谷禅师开口说话。云谷开口就问，你是圣者否？原来是"标准凡夫"，是一位难得的及格凡夫。普罗大众不认宿命，天天想入非非，却对宿命束手无策，为不及格的凡夫。不是圣者，即成豪杰。云谷禅师判定了凡先生可成豪杰！举凡勤奋好学者，均可成为豪杰！在这里。云谷禅师提出了豪杰与凡夫的道德人格二分法。启发了凡先生的立命信心。读者要引起重视。

第三节 云谷禅师揭示命运的真相

问其故，曰："人未能无心，终为阴阳所缚，安得无数？但惟凡人有数。极善之人，数固拘他不定；极恶之人，数亦拘他不定。汝二十年来被他算定，不曾转动一毫，岂非是凡夫？"

评注：无心，即无宿命，不在因果关系范围内。有心，即在因果关系中。这里只是提出来，与宿命做对比，云谷禅师以下没有再多做具体议论。宿命论，为因果关系范畴，以下议论的立命论，仍然在因果关系范畴内。

第四节 千古第一问

余问曰："然则数可逃乎？"

评注：极善、极恶非常人所能为，对普通人言，改变命运的理论和方法是什么？了凡先生是代普罗大众提问。命运问题是千古问题，所以我称此提问是千古第一问。了凡先生的这一问，揭开了命运的玄机，真相大白于天，后人都要感激他这一问，不辜负他这一问！

第五节 儒家立命论之一

曰："命由我作，福自己求。《诗》《书》所称，的为明训。

评注："命由我作，福自己求"："命"为本分；"福"为命运，即功名富贵。“命由我作”，本分在我，怎么做，也在我。“福自己求”，功名富贵在尽本分上求，与自己有关系，与宿命无关系。讨论儒家的立命论，一定不能离开“君子务本，本立而道生”（《论语·学而篇》），即儒家不讲因果关系，只讲“务本”！离此无他。

自此节开始，云谷禅师一揽子阐述儒家、佛家、道家的立命论，同时，阐述了他创新的义理再生之身的立命论，我分节加了小标题。这一部分立命论，最为复杂和难懂。本书对《了凡四训》的专题解读，就集中在这一部分。读者按照我划分的章节，起的题目，前后联系，分清楚哪些是儒家的立命论，哪些是佛家的，哪些是道家的，哪些是义理再生之身的立命论。需要特别注意义理再生之身的立命论，这是云谷禅师传授了凡先生的立命论，为其他各家的立命论的集大成。把这些搞明白，在读到《立命之学》文末，了凡先生教子部分，才能搞明白了凡先生传授其子的立命法，为对云谷禅师传授的义理再生之身法的发展。再到读《谦德之效》时，才会清楚的发现，了凡先生在纵观历史、考查现实，总结提升自己的立命实践经验，对云谷禅师传授的义理再生之身法再进行创新，提出了凡普及版的义理再生之身立命之学。

第六节　佛家立命论

我教典中说：‘求富贵得富贵，求男女得男女，求长寿

得长寿。’夫妄语乃释迦大戒，诸佛菩萨，岂诳语欺人？”

评注：这是佛家对各家复杂立命论的大白话。怎么求，是有理论，有方法的，要找到背后的理论和方法，叫如理如法的去求！一定是内求，即是问自己要，而不是外求，即寄希望赐予。

第七节 对孟子求则得之的正解

余进曰：“孟子言：‘求则得之，是求在我者也。’道德仁义，可以力求；功名富贵，如何求得？”

评注：了凡先生聪慧，接过云谷禅师的话头，借孟子的语录，把宿命的改变问题，具体到功名和富贵上。

云谷曰：“孟子之言不错，汝自错解了！

评注：了凡先生不能正确理解“命由我作，福自己求。”，不能把握儒家是在“务本”上立论，自然不能正确理解“孟子言：求则得之。”可见，后人对经典的理解，不能停留在字面意思，需要不断的思考，由贯通上感知。“书读百遍其义自见”，是贯通经典的要法，偷懒不得。

汝不见六祖说：‘一切福田，不离方寸；从心而觅，感无不通。’求在我，不独得道德仁义，亦得功名富贵；内外双得，是求有益于得也。若不反躬内省，而徒向外驰求，则求之有道，而得之有命矣！内外双失，故无益。”

评注：“一切福田”，包括功名和富贵在内的人所期盼的好事情。“方寸”，即心（此处的心为自性）。“不离方寸”，都蕴藏在心（自性）。“从心（自性）而觅”，向心（自性）要（内求）。“感无不通”，致诚恳切，有求必应。云谷禅师在这里提出外求和内求的概念。外求，一昧向外使劲，甚至不择手段，不顾道德，所得不外宿命中所有，为凡夫之见。内求，反躬自省，改过迁善，利己利他，突破宿命，心想事成，为圣贤之见。儒释道都在人“心”上做文章，立命也一样。在儒家，“心”为“本分”，借人行本分（五伦十义）说事。在道家，“心”为“种因（种善恶之因）”，借人的善恶因果报应说事。在佛家，“心”的讨论，因人而说，对上智之人言，“心”为“自性”（真心），人人平等，丰足；对非上智之人，也从因果上讲“心”，叫三世因果，为权宜（方便）之说，因为跟他们讲自性，如对牛弹琴，没有效果，还遭非议，所以不与他们说，说三世因果关系，他们能听进去，然后引导他们渐渐觉悟“自性”。这些基本的理论，读《了凡四训》者要先建立起来，不然，读不明白《了凡四训》，只是看了热闹，耽搁了自己。《了凡四训》云谷禅师传授的义理再造之身的“心”，为“存心”（心里怎么想的），以因果关系立论，因果关系为道家正说，为佛家权说（方便说），儒家不说，所以，《了凡四训》传授的立命学问，实为以道家因果关系为本，这样就不难理解，云谷禅师在指示各家立命绝学时，会从指示道家画符录的诀窍开始了。

第八节 义理再生之身立命论之一

因问："孔公算汝终身若何？"余以实告。云谷曰："汝自揣应得科第否？应生子否？"余追省良久，曰："不应也！科第中人，类有福相。余福薄，又不能积功累行，以基厚福；兼不耐烦剧，不能容人；时或以才智盖人，直心直行，轻言妄谈。凡此皆薄福之相也，岂宜科第哉？地之秽者多生物，水之清者常无鱼；余好洁，宜无子者一。和气能育万物；余善怒，宜无子者二。爱为生生之本，忍为不育之根；余矜惜名节，常不能舍己救人，宜无子者三。多言耗气，宜无子者四。喜饮铄精，宜无子者五。好彻夜长坐，而不知葆元毓神，宜无子者六。其余过恶尚多，不能悉数。"

评注：云谷禅师循循善诱，在对了凡先生正解孟子语录后，引导了凡先生寻找其宿命问题的症结所在，即查摆自己的过恶，此为云谷禅师创新的义理再生之身立命论的下手处。"兼不耐烦剧，不能容人"，了凡先生聪明自是，看不上不如自己的人，同时又嫉妒比自己强的人；"以才智盖人，直心直行，轻言妄谈"，了凡先生很骄傲（其有"五策"成名作品）。"喜饮铄精"，好酒，兴致一来，不醉不休，看来，了凡先生是个性格爽朗的人，喜交友。此节了凡先生的过恶，属于儒家修身的范畴，之前云谷禅师讲的内求法中的道德仁义，与儒家修身法相应，而了凡先生之前提问的"道德仁义可以力求"的道德仁义，应做为一般意义理解。

第九节 道家立命论之一

云谷曰："岂惟科第哉！世间享千金之产者，定是千金人物；享百金之产者，定是百金人物；应饿死者，定是饿死人物。天不过因材而笃，几曾加纤毫意思。

即如生子，有百世之德者，定有百世子孙保之；有十世之德者，定有十世子孙保之；有三世二世之德者，定有三世二世子孙保之；其斩焉无后者，德至薄也。

评注："天""德至薄也"，均指宿命中的三世因果报应。这是道家讲的因果报应立命论。义理再生之身的立命论，仍然在因果关系的范畴内。因果关系，有三世因果关系论，即前世，今世，来世。宿命论，以前世之因，得今世之果为立论依据。还有现世报的因果关系，义理再生之身的立命论，以现世报为立论依据。

第十节 义理再生之身立命论之二

汝今既知非，将向来不发科第，及不生子相，尽情改刷；务要积德，务要包荒，务要和爱，务要惜精神。从前种种，譬如昨日死；从后种种，譬如今日生。此义理再生之身也。夫血肉之身，尚然有数；义理之身，岂不能格天！

评注：此节内容非常重要，分三个层次：第一个层次"汝今既知非，将向来不发科第，及不生子相，尽情改刷；务要积德，务要包荒，务要和爱，务要惜精神。”此节开示了凡先生须针对过恶做个彻底的转变，为就事论事；第二个层次“从前种种，譬如昨日死；从后种种，譬如今日生。此义理再生之身也。”此节对前述就事论事抽象化，上升到理论层面，概括出“义理再生之身”的概念，提炼出了“义理再生之身”的要义，为云谷禅师传授了凡先生立命之学的核心内容！成为指导了凡先生立命的理论，了凡先生传承了此立命理论，并以《谦德之效》一文创新了此理论。第三个层次“夫血肉之身，尚然有数；义理之身，岂不能格天！”为对前两个层次小结得出的结论——自作自受，前段指宿命的自作自受，后段指立命的自作自受。“格天”，即改变宿命，以因果关系的现世报为立论依据。

第十一节 儒家立命论之二

《太甲》曰：“天作孽，犹可违；自作孽，不可活。”

《诗》云：“永言配命，自求多福。”

评注：“永言配命”，命，即本分，也称角色，每一个人都有多重角色，当别人的儿子，当儿子的父亲，等等，由五伦关系，形成不同角色，确定角色时，这个角色，即有特定的本分。五伦十义，十义，即十本分。“永言”，即日常言行。“配”，相应。“永言配命”，指一个人在日常中，想的、说的、做的，都要与其当时的角色相应。“自求多福”，自求，即不断修正自己想的、说的、做的与角色不相应的错误，修正过来，自然得福（功名富贵）。儒家不讨论因果，而是讨论本分，所谓“君子务本，本立而道生。”（《论语·学而篇》）。儒家立命论，为义理再生之身立命学问的基础。

第十二节 义理再生之身立命论之三

孔先生算汝不登科第、不生子者，此天作之孽，犹可得而违；汝今扩充德性，力行善事，多积阴德，此自己所作之福也，安得而不受享乎？

评注：“天作之孽”，指宿命，“天” 指前世因，“孽”指今世果。“此自己所作之福也”，今世因，“安得而不受享乎”，今世果，为现世报。“汝今扩充德性，力行善事，多积阴德”，此为义理再生之身的要义——扩充德性（修身），以因果关系的现世报为立论依据。

第十三节 道家立命论之二

《易》为君子谋，趋吉避凶；若言天命有常，吉何可趋，凶何可避？开章第一义，便说：“积善之家，必有余庆。”

评注：“天命有常”，指宿命不可以改变。“积善之家，必有余庆”，指因果现世报。《易》为“万经之首”，道家取《易》

的因果论，所以，此处我以为是道家立命论。

第十四节 拜而受教

汝信得及否？余信其言，拜而受教。

评注："汝信得及否？"，要对"易为君子谋，趋吉避凶"能够坚信不疑。换言之，要对现世因果报应深信不疑。不疑，为立命的前提或基础，离开这个，立命论为空谈。所以，《立命之学》文末了凡先生教子立命，也从立信起教。《大方广佛华严经》云："信为道元功德母，长养一切诸善法。"

第十五节 开启义理再生之身

因将往日之罪，佛前尽情发露，为疏一通，先求登科，誓行善事三千条。

评注：了凡先生听明白了，对云谷禅师的义理再生之身的立命学问产生了坚定的信心。"尽情发露"，对自己不留情面，把过恶，包括隐私都说出来，请佛像做证明，立志做三千善事以扩充德性（修身），先求登科。《太上感应篇》云："欲求天仙者，当立一千三百善。欲求地仙者，当立三百善。"了凡先生许行善事三千，应该是受此启发。有意思的是，了凡先生未先求生子，或先求延寿，为什么？"君子务本"，了凡先生是儒生，儒家以服务国家为本分，当然要先求功名了，功名越高，服务平台才可能大，所以，他先求功名，以大用于国家。

第十六节 发大愿心

以报天地祖宗之德。

评注：了凡先生举一反三，既然是再造义理之身，当然存在初发心的问题，即回答清楚自己改变宿命要干什么？审视自己改变命运，以求功名富贵的动机是否端正。了凡先生之后，每次扩充德性，所许善数完成，均还在佛像前回向，以示自己立命初心未忘，历久弥新！坚而不摧！我有一个疑问：就发大心愿一事，云谷禅师当对了凡先生有具体的讲授内容，“以报天地祖宗之德”一语出现得太突然。在儒释道，佛家非常重视发大愿心，云谷禅师作为佛家人物，当然知道发大愿心对立命的重要性，从了凡先生一生都非常重视发大愿心看，也可以推定云谷禅师对其讲授的立命论中有发心内容。这个谜，需要查1601年的刻本《省身录》，有学者说，此刻本在日本。

第十七节 道家立命的方法

云谷出“功过格”示余，令所行之事，逐日登记，善则记数，恶则退除；

评注：前述云谷禅师讲授立命的理论，以下，又讲授立命的方法。先讲授的是扩充德性法（修身），方法是使用功过格，为前人经验传承。扩充德性，需要与改过相对照，善行与不善行相抵，善行还有余数，才是扩充的德性。功过格，计有善行，有不善行，均以数计，一目了然，方便立命者用。因使用功过格为因果关系范畴，可以划为道家立命的方法。

第十八节 佛家立命的方法

且教持《准提咒》，以期必验。

评注：这是针对之前佛家立命论“从心而觅，感无不通”和“人未能无心”而提出的立命方法，持准提咒（注：或持佛菩萨名号）是“感无不通”的方法，是至“无心”的方法。运用得好，直达佛家“自性”，彻底突破因果关系；运用一般，可助力改过迁善的效果，实现义理再生之身，加快现世报的速度，求得功名富贵。遗憾的是，读者对持准提咒是忽略的。对此，我有专题解读。

第四章 云谷禅师传授立命的绝学

第一节 道家立命的绝学

语余曰：“符箓家有云：‘不会书符，被鬼神笑。’此有秘传，只是不动念也。执笔书符，先把万缘放下，一尘不起。从此念头不动处，下一点，谓之混沌开基。由此而一笔挥成，更无思虑，此符便灵。凡祈天立命，都要从无思无虑处感格。”

评注：自此节起，云谷禅师一揽子讲授各家立命绝学，立命的绝学，云谷禅师概括为“不动念”。对此我有专题解读。此处的“不动念”绝学，对立命言，只具有理论意义。

第二节　儒家立命的绝学

“孟子论立命之学，而曰：‘夭寿不贰。’夫夭与寿，至贰者也。当其不动念时，孰为夭，孰为寿？细分之：丰歉不贰，然后可立贫富之命；穷通不贰，然后可立贵贱之命；夭寿不贰，然后可立生死之命。人生世间，惟死生为重，曰夭寿，则一切顺逆皆该之矣。”

评注：夭、寿，为二，为分别心产生的观念。不贰，为一，为没有分别心产生的观念。不动念时，指没有分别心时。曰夭寿，则一切顺逆皆该之矣：一有分别心，则落入因果报应关系中，种夭的因，必然结短命的果。“人生世间，惟死生为重”，了凡先生因掌握立命方法，而延寿，普罗大众想长寿者，可资借鉴。此节“不贰”“不动念”的绝学，仍然在理论层面讨论。

第三节　义理再生之身立命的绝学

“至修身以俟之，乃积德祈天之事。曰修，则身有过恶，皆当治而去之；曰俟，则一毫觊觎，一毫将迎，皆当斩绝之矣。到此地位，直造先天之境，即此便是实学。”

评注：“以俟之”，即不动念。“觊觎”，有投机之心。

“将迎”，有取巧、期盼之心。“皆当斩绝之”，即不能有这些念头产生，那么，产生了怎么办？立马警觉，提起准提咒（注：或念阿弥陀佛或观世音菩萨或地藏王菩萨），用准提咒（注：或佛菩萨名号）取代这些念头，佛家叫“不怕念起，就怕觉迟”，这也是云谷禅师传准提咒（注：或佛菩萨名号）的用处，阅读至此，应当对准提咒（注：或佛菩萨名号）引起重视了，还不能重视，只能是阅读者与准提咒（注：或佛菩萨名号）无缘，没有办法，准提咒（注：或佛菩萨名号）只能被错过了。“曰俟，则一毫觊觎，一毫将迎，皆当斩绝之矣”，用现代语文表述，就是“只问耕耘，不问收获”。“到此地位，直造先天之境”，即义理之身成就了。“先天之境”可做立命之境，或无心之境理解。“实学”，即非空洞理论，而是可以实证的。此处的“不动念”绝学，具有操作性。

第四节 佛家立命的绝学

“汝未能无心，但能持《准提咒》，无记无数，不令间断，持得纯熟，于持中不持，于不持中持。到得念头不动，则灵验矣。”

评注：“无心”，即不动念。“到得念头不动”，即对准提咒持得纯熟，达到了“于持中不持，于不持中持”，即经常保持不自觉的念准提咒的状态，在佛家净土宗叫功夫成片。“灵验”，即达到了不动念地位，义理再生之身成就了。佛家咒为密传，可遇不可求，还有遇到而忽略的。那么，云谷禅师所传的立命绝学“不动念”，对普罗大众怎么普及和运用？了凡先生在《谦德之效》文末作出了回答：“古语云：有志于功名者，必得功名；有志于富贵者，必得富贵。人之有志，如树之有根，立定此志，须念念谦虚，尘尘方便，自然感动天地，而造福由我”。了凡先生把“不动念”解释为立真志，可谓得当！是对云谷禅师传授义理再造之身法的创新。

第五章　了凡立命的实践

第一节　要作豪杰

余初号学海，是日改号了凡；盖悟立命之说，而不欲落凡夫窠臼也。从此而后，终日兢兢，便觉与前不同。前日只是悠悠放任，到此自有战兢惕厉景象。在暗室屋漏中，常恐得罪天地鬼神。遇人憎我毁我，自能恬然容受。

评注：中国古代读书人有号，是自己命名的，以表达自己人生价值趣向，反映个人修学主题，随着个人修学主题的变化，号也随之更换。我们熟悉的近代弘一大师，就用过很多号。当今教师大都没有修身主题，大都没有号，学生自然不懂得起号，自然没有修身主题。如果有个号，那就是浑号或外号，为反修身意义的。建议读过《了凡四训》的，都思考一下，看给自己起个什么号，即确定一下自己修身的主题，把起的号，作为自己的微信名，天天见到，天天提醒自己要修身。云谷禅师要了凡先生做个豪杰，即要了凡先生再造一个义理之身，了凡先生依教奉行。“从此而后，终日兢兢，便觉与前不同。前日只是悠悠放任，到此自有战兢惕厉景象，在暗室屋漏中，常恐得罪天地鬼神；遇人憎我毁我，自能恬然容受。”对这一段要重视，这是了凡先生对他36岁之前，和自别云谷禅师到他69岁时的生活态度转变对比的概况描述。没有这个转变，义理之身不能再造。所以，对这一段，建议摘出来多读，以提醒自己也要做个转变。

受孔先生的影响，了凡先生的修养是“余因此益信，进退有命，迟速有时，澹然无求矣。”

受云谷禅师的影响，了凡先生的修养分两个阶段，一是69岁前：“从此而后，终日兢兢，便觉与前不同。前日只是悠悠放任，到此自有战兢惕厉景象。在暗室屋漏中，常恐得罪天地鬼神。遇人憎我毁我，自能恬然容受。”

一是写出《谦德之效》前后：“人之有志，如树之有根，立定此志，须念念谦虚，尘尘方便，自然感动天地，而造福由我。”

以上修养形成由宿命转变为立命的三个阶段：澹然无求——战兢惕厉，恬然容受——念念谦虚，尘尘方便。明白无误的告诉后人，举凡立命者，先要做到“澹然无求”，此为前提。而要所立之命稳固，必须在“念念谦虚，尘尘方便”上下大力气!

第二节 立命初见成效

到明年(公元1570年),礼部考科举,孔先生算该第三,忽考第一。其言不验,而秋闱中式矣。

评注:认识水平一提升,悔过真诚,发愿端正、至诚恳切,开始扩充德行,加之持准提咒的效用,命运就转变了。所以,转变命运是在一念间,而巩固这一念,功夫在平常,难在巩固上,即发的愿心(初心)不能忘,真改过,真做善事,所许的善数要兑现,持准提咒不辍,这些都是实实在在的事情,所以云谷禅师称之为"实学"。

第三节 游走于豪杰与凡夫之间

然行义未纯,检身多误。或见善而行之不勇,或救人而心常自疑,或身勉为善,而口有过言,或醒时操持,而醉后放逸。以过折功,日常虚度。自己巳岁(公元1569年)发愿,直至己卯岁(公元1579年),历十余年,而三千善行始完。

评注:许善行三千,十余年才完成,是因为看视善行不少,然而"以过折功"就少了。可见了凡先生在老实奉行云谷禅师不能有"一毫觊觎,一毫将迎"的教导,老实运用功过格。再造义理之身,难在初始阶段,了凡先生的初始阶段是十余年，这个时间要引起我们重视。

时方从李渐庵入关，未及回向。庚辰（公元1580年）南还。始请性空、慧空诸上人，就东塔禅堂回向。

评注：了凡先生是在佛像前悔过和发愿立命“以报天地祖宗之德”的，所以，在所许善数完成后，必然要在佛像前郑重其事的汇报，以示不忘初心，不存在虚假统计数字。仪式很重要，没有这个庄严仪式，怎么能够证明了凡先生一直在至诚恳切的奉行云谷禅师的教导！

第四节 终成豪杰

遂起求子愿，亦许行三千善事。辛巳（公元1581年），生汝天启。余行一事，随以笔记。汝母不能书，每行一事，辄用鹅毛管，印一朱圈于历日之上。或施食贫人，或买放生命，一日有多至十余圈者。至癸未（公元1583年）八月，三千之数已满。复请性空辈，就家庭回向。九月十三日，复起求中进士愿，许行善事一万条。丙戌（公元1586年）登第，授宝坻知县。

评注：这是了凡先生立义理之身的第二个阶段，相比第一个阶段，改过的难度降低了，步入“德日进，过日少”（《弟子规》）的境界。

余置空格一册，名曰“治心编”。晨起坐堂，家人携付门役，置案上，所行善恶，纤悉必记。夜则设桌于庭，效赵阅道焚香告帝。

评注：运用功过格之外，又结合自己的审判工作实际，自创治心篇，用于对治脾气等情绪化情形，是工作过程中扩充心量（德性）的功课。对此节，我有专题解读。

汝母见所行不多，辄颦蹙曰："我前在家，相助为善，故三千之数得完。今许一万，衙中无事可行，何时得圆满乎？"

评注：积善之家，必有余庆。中国自古以家说事，而不以个人说事。儒家《大学》中的"修身"，是在齐家过程中修身，在治国过程中修身，在平天下过程中修身，不脱离五伦关系，有"五伦之外无大道"之说。了凡先生做到了齐家，妻子也一心向善。可以说，妻子不能向善，就是了凡先生的过恶，理由简单，了凡没有转变，不能形成人格感召，妻子当然不认可。所以，义理之身再造的试金石就是自己身边的人事物，不是其他！

夜间偶梦见一神人，余言善事难完之故。神曰："只减粮一节，万行俱完矣！"盖宝坻之田，每亩二分三厘七毫。余为区处，减至一分四厘六毫。委有此事，心颇惊疑。适幻余禅师自五台来，余以梦告之，且问此事宜信否？师曰："善心真切，即一行可当万善，况合县减粮，万民受福乎？"吾即捐俸银，请其就五台山斋僧一万而回向之。孔公算予五十三岁有厄，余未尝祈寿，是岁竟无恙，今六十九矣。

评注："善心真切，即一行可当万善"，理上没有问题，事上有问题，问题在于是否能够做到"善心真切"！

即便有减粮的事实，了凡先生仍然不苟且，"吾即捐俸银，请其就五台山斋僧一万"，斋一僧为一善，一万善行兑现！由此一节，可见了凡先生已到达"一毫觊觎，一毫将迎，皆当斩绝"的地位，终成豪杰！自36岁访云谷禅师始，到孔先生悬定他53岁8月14日凌晨1时到3时当寿终正寝止，了凡先生用了17年的时间，36岁之前的过恶得以转变，实现了云谷禅师"从前种种，譬如昨日死；从后种种，譬如今日生。"的教导，兑现了自己"以报天地祖宗之德"的初心，成就了义理之身，彻底改变了宿命！到74岁寿终正寝，延寿21年。阅读至此，让我们多么的欢欣鼓舞呀！

第六章　教子立命

第一节 从立信起教

《书》曰："天难谌，命靡常。"又云："惟命不于常。"皆非诳语。吾于是而知，凡称祸福自己求之者，乃圣贤之言；若谓祸福惟天所命，则世俗之论矣。

评注：了凡先生自36岁到写作《立命之学》时69岁，实证了圣贤立命之学的不可怀疑性。了凡先生教子立命，是从“信”起教。云谷禅师教了凡先生立命，也是从信起教：“《易》为君子谋，趋吉避凶；若言天命有常，吉何可趋，凶何可避？开章第一义，便说：积善之家，必有余庆。汝信得及否？余信其言，拜而受教。”自此节起，为了凡先生传授儿子天启立命的方法。此方法为了凡先生对云谷禅师传授的再造义理之身立命法的发展，可命名为“了凡教子版的义理再生之身立命法”，到《谦德之效》一文，还有“了凡普及版的义理再生之身立命法”。

第二节 教谦卑是下手处

汝之命，未知若何？即命当荣显，常作落寞想；即时当顺利，当作拂逆想；即眼前足食，常作贫窭想；即人相爱敬，常作恐惧想；即家世望重，常作卑下想；即学问颇优，常作浅陋想。

评注：此节了凡先生突出谦德对立命的大用，以至发挥为《谦德之效》一文。

第三节 教发大愿心

远思扬祖宗之德，近思盖父母之愆；上思报国之恩，下思造家之福；外思济人之急，内思闲己之邪。

评注：这是了凡对他的“以报天地祖宗之德”发心的具体化，告诉其子，立命发心的具体内容。

第四节 教改过是立命的日常功课

务要日日知非，日日改过。一日不知非，即一日安于自是；一日无过可改，即一日无步可进。天下聪明俊秀不少，所以德不加修，业不加广者，只为“因循”二字，耽搁一生。

评注：聪明俊秀之人因为不能改过，所以不得立命，特别教育儿子，越是聪明俊秀，越要高度警惕，只有日日知非，日日改过，才有立命登第的把握。

第五节 教持准提咒做豪杰

云谷禅师所授立命之说，乃至精至邃至真至正之理，其熟玩而勉行之，毋自旷也。

评注：“熟玩”，一立命之信心毫不动摇，二持准提咒不辍，三不忘立命初心，四日日改过自新。

以上教子的立命法是了凡先生针对儿子的问题提出的，具有针对性，同时，对类似他儿子出生条件好，聪明俊秀，又骄傲的考生，也可以选择使用此立命法。

第二篇　改过之法

第一章　命运即祸福

春秋诸大夫，见人言动，亿而谈其祸福，靡不验者，《左》《国》诸记可观也。大都吉凶之兆，萌乎心而动乎四体，其过于厚者常获福，过于薄者常近祸；俗眼多翳，谓有未定而不可测者。至诚合天，福之将至，观其善而必先知之矣；祸之将至，观其不善而必先知之矣。

评注：命运，即祸福。福与善心相应；祸与不善心相应。“至诚合天”，天，指福。至诚，指善心真切。此为相由心生。观历史，查现实，古今通则。此节教后人对改过可以立命起信！换句话说，改过立命，从立信起教！以下为了凡先生一生改过的心得报告。

第二章　改过总说

第一节　人格高贵

今欲获福而远祸，未论行善，先须改过。但改过者，

评注：改变命运，从改过下手，云谷禅师称做“扩充德性”，了凡先生有实证的。

第一、要发耻心。思古之圣贤，与我同为丈夫，彼何以百世可师，我何以一身瓦裂。耽染尘情，私行不义，谓人不知，傲然无愧，将日沦于禽兽而不自知矣！世之可羞可耻者，莫大乎此。孟子曰：“耻之于人大矣！以其得之则圣贤，失之则禽兽耳。”此改过之要机也。

评注：这是对聪明俊秀、言必谈圣贤、而又屡试不第的读书人言的。了凡先生看是教人，实为教己。他是说给自己听的。为什么这样说？“将日沦于禽兽而不自知矣”，直指人格，这是了凡先生在自责，在至诚悔过。这是儒家观念。儒生视人格为生命，所以，了凡先生直指自己的人格说事。

第二节　鬼神难欺

第二、要发畏心。天地在上，鬼神难欺，吾虽过在隐微，而天地鬼神，实鉴临之。重则降之百殃，轻则损其现福。吾何可以不惧？不惟是也。闲居之地，指视昭然，吾虽

掩之甚密，文之甚巧，而肺肝早露，终难自欺，被人觑破，不值一文矣！乌得不懔懔？

评注：“子不语怪力乱神”（《论语·述而篇》）。此节讲举头三尺有神明，为道家观念。古代读书人儒道互通。《了凡四训》道家观念占比较重。“被人觑破，不值一文矣”，直指人格，仍然是了凡先生在自责，在至诚悔过。

第三节　欲改无由

不惟是也。一息尚存，弥天之恶，犹可悔改。古人有一生作恶，临死悔悟，发一善念，遂得善终者。谓一念猛厉，足以涤百年之恶也。譬如千年幽谷，一灯才照，则千年之暗俱除。故过不论久近，惟以改为贵。但尘世无常，肉身易殒，一息不属，欲改无由矣。明则千百年担负恶名，虽孝子慈孙，不能洗涤；幽则千百劫沉沦狱报，虽圣贤佛菩萨，不能援引。乌得不畏？

评注：古代读书人儒佛互通。此节为佛家观念。“古人有一生作恶，临死悔悟，发一善念，遂得善终者”，这是指立地成佛一类的人，以历史实证，告知天下读书人，及早改过立命，勿耽搁自己。

第四节　风雷之益

第三、须发勇心，人不改过，多是因循退缩。吾须奋然振作，不用迟疑，不烦等待。小者如芒刺在肉，速与抉剔；大者如毒蛇啮指，速与斩除，无丝毫凝滞；此风雷之所以为益也。

评注："人不改过，多是因循退缩"对此要时时警惕，此节鼓励想立命者要做豪杰。

具是三心，则有过斯改，如春冰遇日，何患不消乎？

评注：了凡先生立命初期，改过之难有切身体会，具是三心，实为了凡先生心得报告，可资借鉴。

第三章 改过分则

然人之过，有从事上改者，有从理上改者，有从心上改者；工夫不同，效验亦异。

评注：这是了凡先生把改过的经验，上升为理论。

第一节 事上改

如前日杀生，今戒不杀；前日怒詈，今戒不怒；此就其事而改之者也。强制于外，其难百倍，且病根终在，东灭西生，非究竟廓然之道也。

评注：此为了凡先生运用功过格和治心篇的经验。

第二节 理上改

善改过者，未禁其事，先明其理。如过在杀生，即思曰：上帝好生，物皆恋命，杀彼养己，岂能自安？且彼之杀也，既受屠割，复入鼎镬，种种痛苦，彻入骨髓。己之养也，珍膏罗列，食过即空，疏食菜羹，尽可充腹，何必戕彼之生，损己之福哉！又思血气之属，皆含灵知，既有灵知，皆我一体。纵不能躬修至德，使之尊我亲我，岂可日戕物命，使之仇我憾我于无穷也？一思及此，将有对食伤心，不能下咽者矣。如前日好怒，必思曰：人有不及，情所宜矜。悖理相干，于我何与？本无可怒者。又思天下无自是之豪杰，亦无尤人之学问，行有不得，皆己之德未修，感未至也。吾悉以自反，则谤毁之来，皆磨炼玉成之地，我将欢然受赐，何怒之有？又闻谤而不怒，虽谗焰薰天，如举火焚空，终将自息。闻谤而怒，虽巧心力辩，如春蚕作茧，自取缠绵。怒不惟无益，且有害也。其余种种过恶，皆当据理思之。此理既明，过将自止。

评注：此为由事及理，教改过者明理。“如前日好怒，必思曰：人有不及，情所宜矜；悖理相干，于我何与？本无可怒者。”此话最能让读懂的人开怀大笑！曾听一老人言：我是我儿子的父亲，他想把我怎么样是他的事，与我何干呢！此处要大笑三声！哈，哈，哈！

第三节 心上改

何谓从心而改？过有千端，惟心所造；吾心不动，过安从生？学者于好色、好名、好货、好怒种种诸过，不必逐类寻求，但当一心为善，正念现前，邪念自然污染不上。如太阳当空，魍魉潜消，此精一之真传也。过由心造，亦由心改，如斩毒树，直断其根，奚必枝枝而伐，叶叶而摘哉！

评注：这一节内容，了凡先生清楚，读者不清楚。但是，与立命之学内容联系读，读者就看明白了。把这几句话摘出来："过有千端，惟心所造；吾心不动，过安从生。""但当一心为善，正念现前，邪念自然污染不上。""此精一之真传也""过由心造，亦由心改。"然后把《立命之学》的这段话摘出来："汝未能无心，但能持准提咒，无记无数，不令间断，持得纯熟，于持中不持，于不持中持。到得念头不动，则灵验矣。""无心"和"精一"为同意语。此节了凡先生的"真传"，来自云谷禅师，云谷禅师真传他的是立命的"不动念"，又密传其持准提咒，以实现不动念。所以，此节"一心为善"就是持准提咒，"正念现前"就是持准提咒纯熟。由于准提咒是密传，所以，了凡先生不能在此节明言。《立命之学》中还有"云谷出功过格示余，令所行之事，逐日登记；善则记数，恶则退除。且教持准提咒，以期必验。"云谷禅师对了凡先生两次强调持准提咒的重要性，而持准提咒，就是针对改过的方法。我做这样的全书体系解释，得出这样的结论。了凡先生后期，针对不持咒而想立命者，提出“立真志”的方法，详细内容见《谦德之效》。

第四节 勿执下而昧上

大抵最上者治心，当下清净。才动即觉，觉之即无。苟未能然，须明理以遣之。又未能然，须随事以禁之。以上事而兼行下功，未为失策；执下而昧上，则拙矣。

评注：改过一事，说着容易，做着难。先从事上改，再从理上改，功夫到了，就可以做到心上改了。读者对改过要有信心，对改过之艰难要有充分的认识，做好充分的准备。坚定在事上改的决心，了凡先生事上改，前后许善数16000件，历十余年，也就是说，积累了十余年在事上改的功夫。读者对改过不要灰心，要在事上改，事上要慢慢来。“执下而昧上”，是对那些在事上改不能力行者说的。改过一法，由事，到理，再到心，是一个循序渐进的过程，由事上改，打下坚实的底子，不在事上改下功夫，一味说理论心，就成花舌子了，空空无益。

第五节 忏悔

顾发愿改过，明须良朋提醒，幽须鬼神证明。一心忏悔，昼夜不懈，经一七、二七，以至一月、二月、三月，必有效验。

评注：发愿即立志。“明须良朋提醒”勇于把自己的过恶向他人告白。当代王元五老师、刘有生老师、以志先生最会用这个方法。“幽须鬼神证明”，即实在没有勇气向他人告白，那还有一个办法，就是在没人处告白，这是道家的方法。“一心忏悔，昼夜不懈”，这是佛家的方法，是对治一段时间心里不善之念泛滥，持准提咒不力时的一个药方。此节最为重要，但是，说理性太强，非内行人不能重视。明嘉靖时，江西博学多才的儒生俞良臣（号净意道人）也是立命典范，其立命事迹由明朝江西人罗祯作《俞净意公遇灶神记》传世，后人通说认为“补充了一些《了凡四训》没有说到的地方”。现摘录一段内容，以方便学习者深刻理解此节内容。“初行之日，杂念纷乘，非疑则惰，忽忽时日，依旧浮沉。因于家堂所供观音大士前，叩头流血，敬发誓愿：善念真纯，善力精进，倘有丝毫自宽，永堕地狱。每日清晨，虔诵大慈大悲尊号一百声以祈阴相。从此一言一动、一念一时，皆如鬼神在旁，不敢欺肆。凡一切有济于人，有利于物者，不论事之巨细，身之忙闲，人之知不知，力之继不继，皆欢喜行持，委曲成就而后止。随缘方便，广植阴功，且以敦伦、勤学、守谦、忍辱，与夫因果报应之言，逢人化导，惟日不足。每月晦日，即计一月所言所行者，就灶神处为疏以告之。持之既熟，动即万善相随，静则一念不起。如是三年。”“一心忏悔，昼夜不懈”指说到做到。如果三个月还是进进退退，那一定是忏悔不力！未达到俞净意公的“叩头流血”功夫。学习者多体悟。

第六节 改过效验

或觉心神恬旷，或觉智慧顿开，或处冗沓而触念皆通，或遇怨仇而回嗔作喜，或梦吐黑物，或梦往圣先贤提携接引，或梦飞步太虚，或梦幢幡宝盖。种种胜事，皆过消罪灭之象也。然不得执此自高，画而不进。

评注：“或遇怨仇而回嗔作喜”这种情形的出现，是最靠得住的效验！“或觉心神恬旷，或觉智慧顿开，或处冗沓而触念皆通。”此为福至心灵的表现，换句话说，此为已入立命之境。

第七节 立模范

昔蘧伯玉当二十岁时，已觉前日之非，而尽改之矣。至二十一岁，乃知前之所改未尽也。及二十二岁，回视二十一岁，犹在梦中。岁复一岁，递递改之。行年五十，而犹知四十九年之非。古人改过之学如此。

评注：孔子一生修学历程的报告“十五有志于学，三十而立，四十不惑，五十知天命，六十耳顺，七十从心所欲，不逾矩。”(《论语·为政篇》)，也是对其一生改过历程的报告。立命者的一生，就是改过迁善的一生，丝毫不得懈怠。而坚持一生改过迁善的妙法，就是云谷禅师教了凡先生持准提咒。《袁了凡居士传》说了凡先生："居常诵持经咒，习禅观，日有课程。公私遽冗，未尝暂辍。"《云谷大师传》说云谷禅师："一日阅《镡津集》，见明教大师（北宋云门宗僧契嵩）护法深心，初礼观音大士，日夜称名十万声。师愿效其行，遂顶戴观音大士像，通宵不寐，礼拜经行，终身不懈。"

第八节 勿自误

吾辈身为凡流，过恶猬集，而回思往事，常若不见其有过者，心粗而眼翳也。然人之过恶深重者，亦有效验：或心神昏塞，转头即忘；或无事而常烦恼；或见君子而赧然消沮；或闻正论而不乐；或施惠而人反怨；或夜梦颠倒，甚则妄言失志。皆作孽之相也。苟一类此，即须奋发，舍旧图新，幸勿自误。

评注："吾辈身为凡流"大家都是凡夫俗子，即便考试成绩突出者，也是凡夫。"心粗而眼翳也"，自己没有过错，过错全在他人。"或心神昏塞，转头即忘；或无事而常烦恼；或见君子而赧然消沮；或闻正论而不乐；或施惠而人反怨；或夜梦颠倒，甚则妄言失志。"列举了七类事实，为了凡先生那个时代的读书人通病，那么，是否也是我们这个时代读书人的通病呢？我们仔细回顾一下自己的过往，或审视一下当下的自己，再考查一下身边的人事，我们就会清楚的发现，这七类过恶，也为我们的通病，且相比之下，我们要比古人更严重了。"皆作孽之相也”，自作孽，不可活！警惕之！这一节要常读，以为镜子。这一节，为《改过之法》最要紧处。这一节读进去了，改过三心才有用处。过恶自知，当然是自己辨识，如人饮水冷暖自知。所以，《改过之法》不做详细分辨，文字自然要少于《积善之方》，而积善是入世法，有立示范的作用，自然要仔细分辨，形成《积善之方》为《了凡四训》四篇中，文字最多者。但是，不是文字多的重要，文字少的不重要。改过，积善，这是再造义理之身的方法，好比盖房子，改过是打基础，是立房子的框架，而积善是装修，装修完成，可以入住了。但是，房子能住人，不是靠装修。所以，《了凡四训》四篇，其中《改过之法》《谦德之效》两篇，均属于改过恶，积善只一篇。可见了凡先生明白的告诉大家，改过比积善更要紧！

第三篇 积善之方

第一章 总说

《易》曰:“积善之家,必有余庆。”昔颜氏将以女妻叔梁纥,而历叙其祖宗积德之长,逆知其子孙必有兴者。孔子称舜之大孝,曰:“宗庙飨之,子孙保之。”皆至论也。试以往事征之。

评注:“易为君子谋,趋吉避凶;若言天命有常,吉何可趋,凶何可避?开章第一义,便说:积善之家,必有余庆。汝信得及否?”云谷禅师教授了凡先生立命之道,以“易曰:积善之家,必有余庆。”结课。了凡先生对此深信不疑。所以,在本篇,了凡先生以“易曰:积善之家,必有余庆。”立论,展开讨论。了凡先生一生扩充德行,对善行有丰富的实践经验,他又好学,对善行有深刻的思考,形成《积善之方》,以劝人行善。善行为外功,改过为内果。“不行外功,不结内果。”立命一事,行善与改过相辅相成,不可偏废。本文以“易曰:积善之家，必有余庆。”立论，已不局限于个人立命，而扩充为立家庭之命。不孝有三，无后为大。中国文化的精神之一，是重视代有人才。个人积善，后人得益，这是中国人的愿望，为隔代因果报应。此节教后人对积善可以立命起信！换句话说，积善立命，从立信起教！以下，通过积善立命的例证，以增强后人对积善立命的信心！

第二章　例证

第一节　救人轻物

杨少师荣，建宁人。世以济渡为生。久雨溪涨，横流冲毁民居，溺死者顺流而下，他舟皆捞取货物，独少师曾祖及祖，惟救人，而货物一无所取，乡人嗤其愚。逮少师父生，家渐裕，有神人化为道者，语之曰：“汝祖父有阴功，子孙当贵显，宜葬某地。”遂依其所指而窆之，即今白兔坟也。后生少师，弱冠登第，位至三公，加曾祖、祖、父，如其官。子孙贵盛，至今尚多贤者。

评注：“世以济渡为生”普通劳苦大众的家世，家里什么都缺，尤其缺钱。“他舟皆捞取货物，独少师曾祖及祖，惟救人，而货物一无所取，乡人嗤其愚。”父子两代一个心思，没有二话，眼里只看得见溺水之人，不见财物，被人嘲笑。其实，背后还有两个人，就是曾祖母和祖母，她们对救人也是没有二话。一门家齐。此一阴功，因“乡人嗤其愚”而得。如果被乡人赞扬，则无阴功可得了。“逮少师父生，家渐裕”，还是“济渡为生”，由于“积善之家必有余庆”，所以，生意好起来了，家里不再那么缺钱，有条件让子弟兵读书了，且感动神灵，指示福地以置阴宅，彻底改变了家世，由普通劳苦大众，跃升士大夫阶层。读来领人欢欣鼓舞！家齐何其重要！积善何其重要！

第二节 存心仁厚

鄞人杨自惩，初为县吏，存心仁厚，守法公平。时县宰严肃，偶挞一囚，血流满前，而怒犹未息。杨跪而宽解之。宰曰：“怎奈此人越法悖理，不由人不怒。”自惩叩首曰：“上失其道，民散久矣！如得其情，哀矜勿喜；喜且不可，而况怒乎？”宰为之霁颜。家甚贫，馈遗一无所取。遇囚人乏粮，常多方以济之。一日，有新囚数人待哺，家又缺米。给囚，则家人无食；自顾，则囚人堪悯。与其妇商之。妇曰：“囚从何来？”曰：“自杭而来。沿路忍饥，菜色可掬。”因撤己之米，煮粥以食囚。后生二子，长曰守陈，次曰守址，为南北吏部侍郎；长孙为刑部侍郎，次孙为四川廉宪，又俱为名臣。今楚亭、德政，亦其裔也。

评注：两件事，一为劝善，一为行善，全为囚犯主张。囚犯，人格被贬损到极致的人，能对他们存心仁厚，此为真仁者。此处劝善，是以下犯上，“杨跪而宽解之”，应该是退堂后，私下恳切善巧劝说。倘若当堂劝善，恐怕事与愿违。这是行“尘尘方便”，杨自惩先生有智慧。“宰为之霁颜”，至此以后，类似事件再未发生！好了一个县宰，活了多少囚犯！相比下头的行善，这个是简单的。最难得的是下头的善举，是力不能为而力为！是难中之难！“一日，有新囚数人待哺，家又缺米。给囚，则家人无食；自顾，则囚人堪悯。与其妇商之。妇曰：囚从何来？曰：自杭而来。沿路忍饥，菜色可掬。因撤己之米，煮粥以食囚。”注意，这一节是说“其妇”的。正好家里有上顿无下顿。“因撤己之米，煮粥以食囚”，他妻子二话不说，把原本做的干饭，做成稀粥，夫妇有得喝，囚犯有得喝，与囚犯同饥饱。又是一门家齐，夫妇宅心仁厚，子孙代代显贵。此为儒生，奉行儒家仁爱之道。

第三节 全活万人

昔正统间，邓茂七倡乱于福建，士民从贼者甚众。朝廷起鄞县张都宪楷南征，以计擒贼。后委布政司谢都事，搜杀东路贼党。谢求贼中党附册籍，凡不附贼者，密授以白布小旗，约兵至日，插旗门首，戒军兵无妄杀，全活万人。后谢之子迁，中状元，为宰辅。孙丕，复中探花。

评注：战事百姓命不值钱，最易遭滥杀。谢都事做两件事，全活百姓，一是“凡不附贼者，密授以白布小旗，约兵至日，插旗门首”，这就把百姓和贼人分开了；二是“戒军兵无妄杀”，严明军队纪律，不得进入门首插白布小旗的院落。这样的措施，既保全了无辜百姓的性命和财物，又不误战事。其子孙发达，以显父母，成自然之理。

第四节 求取即与之

莆田林氏，先世有老母好善，常作粉团施人，求取即与之，无倦色。一仙化为道人，每旦索食六七团。母日日与之，终三年如一日，乃知其诚也。因谓之曰：“吾食汝三年粉团，何以报汝？府后有一地，葬之，子孙官爵，有一升麻子之数。”其子依所点葬之，初世即有九人登第，累代簪缨甚盛，福建有“无林不开榜”之谣。

评注：普惠大众的事情，必然引来大考，一来考你对事情能否坚持，二来考你对接受者是否平等对待。一仙人专门找讨厌，每天都索食六七团，态度还不好，还要挑大小，还嫌软硬不合口味，种种刁难，一考三年，老母对他无半点不痛快。事情好对付，人不好对付。老母的可贵之处，就是对索食者大持平等。这样的老母，当然配得起“子孙官爵，有一升麻子之数”！

第五节 救人得子

冯琢庵太史之父，为邑庠生。隆冬早起赴学，路遇一人，倒卧雪中，扪之，半僵矣。遂解己绵裘衣之，且扶归救苏。梦神告之曰：“汝救人一命，出至诚心，吾遣韩琦为汝子。”及生琢庵。遂名琦。

评注：或救人者命中无子？或救人者原本该得浪子？

第六节 全人夫妇

台州应尚书，壮年习业于山中。夜鬼啸集，往往惊人，公不惧也。一夕，闻鬼云：“某妇以夫久客不归，翁姑逼其嫁人，明夜当缢死于此，吾得代矣。”公潜卖田，得银四两，即伪作其夫之书，寄银还家。其父母见书，以手迹不类疑之。既而曰：“书可假，银不可假，想儿无恙。”妇遂不嫁。其子后归，夫妇相保如初。公又闻鬼语曰：“我当得代，奈此秀才坏吾事。”傍一鬼曰：“尔何不祸之？”曰：“上帝以此人心好，命作阴德尚书矣，吾何得而祸之？”应公因此益自努励，善日加修，德日加厚。遇岁饥，辄捐谷以赈之。遇亲戚有急，辄委曲维持。遇有横逆，辄反躬自责，怡然顺受。子孙登科第者，今累累也。

评注：“夜鬼啸集，往往惊人，公不惧也。”应公本就有豪杰气概，老宣有言“有真道德，必有真胆量”，可见此人有真学问。接下来的事情，即为应公学问使然，挡都挡不住。应公能通鬼道，夜鬼是他成人的助缘，关键是应公是个好苗子：一者遇岁饥，辄捐谷以赈之（做公益）；二者遇亲戚有急，辄委曲维持（不嫌贫爱富）；三者遇有横逆，辄反躬自责，怡然顺受（能容人）。内外兼修，成就了自己，福荫到子孙！

第七节 分谷赈贫

常熟徐凤竹栻，其父素富，偶遇年荒，先捐租以为同邑之倡，又分谷以赈贫乏。夜闻鬼唱于门曰："千不诓，万不诓，徐家秀才做到了举人郎。"相续而呼，连夜不断。是岁，凤竹果举于乡。其父因而益积德，孳孳不怠，修桥修路，斋僧接众，凡有利益，无不尽心。后又闻鬼唱于门曰："千不诓，万不诓，徐家举人直做到都堂。"凤竹官终两浙巡抚。

评注：富而能行仁道，能护佛法，凡有利于大众的事情，尽心尽力去做，举家得鬼王护持，其子得福显贵。

第八节 释冤抑

嘉兴屠康僖公，初为刑部主事，宿狱中，细询诸囚情状，得无辜者若干人，公不自以为功，密疏其事，以白堂官。后朝审，堂官摘其语，以讯诸囚，无不服者，释冤抑十余人。一时，辇下咸颂尚书之明。公复禀曰："辇毂之下，尚多冤民，四海之广，兆民之众，岂无枉者？宜五年差一减刑官，核实而平反之。"尚书为奏，允其议。时公亦差减刑之列，梦一神告之曰："汝命无子，今减刑之议，深合天心，上帝赐汝三子，皆衣紫腰金。”是夕，夫人有娠。后生应埙、应坤、应埈，皆显官。

评注：屠康僖能守本分，肯下沉囚犯生活，由此发现冤情，又愿做个抬轿子的人，善巧方便，深得首长信任，所以，他的建议，首长能够采纳。此节，不表彰他的才干，而是表彰他有内敛之德，由此，无子得子，子又显贵！

第九节 护正法

嘉兴包凭，字信之，其父为池阳太守，生七子，凭最少，赘平湖袁氏，与吾父往来甚厚。博学高才，累举不第，留心二氏之学。一日东游泖湖，偶至一村寺中，见观音像，淋漓露立，即解橐中，得十金，授主僧，令修屋宇。僧告以功大银少，不能竣事。复取松布四匹，检箧中衣七件与之。内纻褶，系新置，其仆请已之。凭曰：“但得圣像无恙，吾虽裸裎何伤？”僧垂泪曰：“舍银及衣布，犹非难事。只此一点心，如何易得？”后功完，拉老父同游，宿寺中。公梦伽蓝来谢曰：“汝子当享世禄矣。”后子汴、孙柽芳，皆登第，作显官。

评注：“二氏之学”，指佛家、道家学问。“博学高才，累举不第”，受应试教育之害，对圣贤教育食古不化，虽然被师生公认为是优等生，可惜没有碰见明师指导，不懂立命之学。“但得圣像无恙，吾虽裸裎何伤？”可贵的是有此护持正法的诚意，由此得福，荫及子孙。

第十节 不取人妻

嘉善支立之父，为刑房吏，有囚无辜陷重辟，意哀之，欲求其生。囚语其妻曰：“支公嘉意，愧无以报，明日廷之下乡，汝以身事之，彼或肯用意，则我可生也。”其妻泣而听命。及至，妻自出劝酒，具告以夫意。支不听，卒为尽力平反之。囚出狱，夫妻登门叩谢曰：“公如此厚德，晚世所稀，今无子，吾有弱女，送为箕帚妾，此则礼之可通者。”支为备礼而纳之，生立，弱冠中魁，官至翰林孔目。立生高，高生禄，皆贡为学博。禄生大纶，登第。

评注：支公不利用职权搞交易，能尽职责本分，力行司法公正。不取人妻最可贵！得现世和隔代善报。

凡此十条，所行不同，同归于善而已。

评注：十例中，第一、四为代表百姓举善，第二、三、八、十为代表公务员举善，第五、六、九为代表读书人举善，第七为代表富人举善。其中第二、四、十还代表女子举善。涵盖了社会各阶层。代表人人有条件举善。公务员和读书人举善例多，代表他们更应多举善。此十例善举，有一共同之处，就是举善者的存心均是诚恳而端正，或得现世富贵或得隔代富贵。原本立命之学就是有为法，此十列证，并非奉行举善立命法，为百姓日用而不知。所以，立命之学是有深厚而广泛的社会基础的，是扎根于社会（民间）的学问！《改过之法》中“春秋诸大夫，见人言动，亿而谈其祸福，靡不验者，左国诸记可观也。”和《谦德之效》中“予屡同诸公应试，每见寒士将达，必有一段谦光可掬。”指示圣贤立命之学具有历史的、现实的社会基础。圣贤立命之学的生命力来自历史、来自民间社会，被有识之士提炼成立命论和立命之学，是政治生活和民间生活上下相通的一门大学问！是一门人人可学的学问，是现学现用的实证学问！没有高大上的理论难度，只是自问“存心”而已，具有普世性！

第三章　善与不善的辨识

若复精而言之，则善有真有假、有端有曲、有阴有阳、有是有非、有偏有正、有半有满、有大有小、有难有易，皆当深辨。为善而不穷理，则自谓行持，岂知造孽，枉费苦心，无益也。

评注：由于积善好比房子的装修部分，五花八门，或有以假乱真的，容易让人眼花缭乱，需要仔细辨析。扩充德心，即行善，分为存心和行为，行为可人知，存心需自明，两者以存心为重，立命者要清楚。此章内容，为《积善之方》的难点和重点内容，读者要下功夫研习。

第一节 真假

何谓真假？昔有儒生数辈，谒中峰和尚，问曰：佛氏论善恶报应，如影随形。今某人善，而子孙不兴；某人恶，而家门隆盛。佛说无稽矣！中峰云："凡情未涤，正眼未开，认善为恶，指恶为善，往往有之。不憾己之是非颠倒，而反怨天之报应有差乎？"众曰："善恶何致相反？"中峰令试言其状。一人谓："詈人殴人是恶，敬人礼人是善。"中峰云："未必然也。"一人谓："贪财妄取是恶，廉洁有守是善。"中峰云："未必然也。"众人历言其状，中峰皆谓不然。因请问。中峰告之曰："有益于人，是善；有益于己，是恶。有益于人，则殴人、詈人皆善也；有益于己，则敬人、礼人皆恶也。"是故人之行善，利人者公，公则为真；利己者私，私则为假。又根心者真，袭迹者假。又无为而为者真，有为而为者假。皆当自考。

评注："善恶报应，如影随形"本是道学，佛家讲因果为权宜之说，是借因果报应说事。"凡情未涤，正眼未开"，儒生书没有读明白，智慧不够，受应试教育之害。自己做善时，先要搞明白此善的真假。善行一事，只问自己怎么做，不论他人怎么做。

第二节 端曲

何谓端曲？今人见谨愿之士，类称为善而取之；圣人则宁取狂狷。至于谨愿之士，虽一乡皆好，而必以为德之贼。是世人之善恶，分明与圣人相反。推此一端，种种取舍，无有不谬。天地鬼神之福善祸淫，皆与圣人同是非，而不与世俗同取舍。凡欲积善，绝不可徇耳目，惟从心源隐微处，默默洗涤。纯是济世之心，则为端；苟有一毫媚世之心，即为曲。纯是爱人之心，则为端；有一毫愤世之心，即为曲。纯是敬人之心，则为端；有一毫玩世之心，即为曲。皆当细辨。

评注：端曲问题是拷问存心，要与下一节阴阳互通，扩充德性方为实学。

第三节 阴阳

何谓阴阳？凡为善而人知之，则为阳善；为善而人不知，则为阴德。阴德，天报之；阳善，享世名。名，亦福也。名者，造物所忌。世之享盛名而实不副者，多有奇祸；人之无过咎而横被恶名者，子孙往往骤发，阴阳之际微矣哉。

评注：“名者，造物所忌”凡立命者，切记。此节要与上节端曲互通，扩充德性方为实学。

第四节 是非

何谓是非？鲁国之法，鲁人有赎人臣妾于诸侯，皆受金于府。子贡赎人而不受金，孔子闻而恶之曰：“赐失之矣！夫圣人举事，可以移风易俗，而教道可施于百姓，非独适己之行也。今鲁国富者寡而贫者众，受金则为不廉，何以相赎乎？自今以后，不复赎人于诸侯矣。”子路拯人于溺，其人谢之以牛，子路受之。孔子喜曰：“自今鲁国多拯人于溺矣。”自俗眼观之，子贡不受金为优，子路之受牛为劣。孔子则取由而黜赐焉。乃知人之为善，不论现行，而论流弊；不论一时，而论久远；不论一身，而论天下。现行虽善，而其流足以害人，则似善而实非也；现行虽不善，而其流足以济人，则非善而实是也。然此就一节论之耳。他如非义之义，非礼之礼，非信之信，非慈之慈，皆当抉择。

评注：以流弊判断善与不善，做以长远大算，这一节是最见善与不善之辨别者的智慧的。

第五节 偏正

何谓偏正？昔吕文懿公，初辞相位，归故里，海内仰之，如泰山北斗。有一乡人，醉而詈之，吕公不动，谓其仆曰：“醉者勿与较也。”闭门谢之。逾年，其人犯死刑入狱，吕公始悔之曰：“使当时稍与计较，送公家责治，可以小惩而大戒。吾当时只欲存心于厚，不谓养成其恶，以至于此。”此以善心而行恶事者也。又有以恶心而行善事者。如某家大富，值岁荒，穷民白昼抢粟于市。告之县，县不理，穷民愈肆。遂私执而困辱之，众始定。不然，几乱矣。

故善者为正，恶者为偏，人皆知之。其以善心而行恶事者，正中偏也；以恶心而行善事者，偏中正也。不可不知也。

评注：“慈悲多祸害，方便出下流”，的为名训，只是在现实生活中不好把握而已。此节告诉我们，行善不简单！

第六节 半满

何谓半满？《易》曰：“善不积，不足以成名；恶不积，不足以灭身。”《书》曰：“商罪贯盈，如贮物于器。”勤而积之，则满；懈而不积，则不满。此一说也。昔有某氏女入寺，欲施而无财，止有钱二文，捐而与之，主席者亲为忏悔。及后入宫富贵，携数千金入寺舍之，主僧惟令其徒回向而已。因问曰：“吾前施钱二文，师亲为忏悔；今施数千金，而师不回向，何也？”曰：“前者物虽薄，而施心甚真，非老僧亲忏，不足报德；今物虽厚，而施心不若前日之切，令人代忏足矣！”此千金为半，而二文为满也。钟离授丹于吕祖，点铁为金，可以济世。吕问曰：“终变否？”曰：“五百年后，当复本质。”吕曰：“如此则害五百年后人矣，吾不愿为也！”曰：“修仙要积三千功行，汝此一言，三千功行已满矣。”此又一说也。又为善而心不著善，则随所成就，皆得圆满；心著于善，虽终身勤励，止于半善而已。譬如以财济人，内不见己，外不见人，中不见所施之物，是谓三轮体空，是谓一心清净，则斗粟可以种无涯之福，一文可以消千劫之罪。倘此心未忘，虽黄金万镒，福不满也。此又一说也。

评注：“又为善而心不著善，则随所成就，皆得圆满。心著于善，虽终身勤励，止于半善而已。”了凡先生许善数者为半满，而减粮一事，因心不著善而圆满。所以，了凡先生在教子立命时，不再强调许善数了。此节内容，立命者要多在行善中体悟。在行善的初始阶段，不易做到。

第七节 大小

何谓大小？昔卫仲达为馆职，被摄至冥司，主者命吏呈善恶二录。比至，则恶录盈庭，其善录一轴，仅如箸而已。索秤称之，则盈庭者反轻，而如箸者反重。仲达曰：“某年未四十，安得过恶如是多乎？”曰：“一念不正即是，不待犯也。”因问轴中所书何事。曰：“朝廷常兴大工，修三山石桥，君上疏谏之，此疏稿也。”仲达曰：“某虽言朝廷不从，于事无补，而能有如是之力？”曰：“朝廷虽不从，君之一念，已在万民。向使听从，善力更大矣！”故志在天下国家，则善虽少而大；苟在一身，虽多亦小。

评注：“一念不正即是，不待犯也”，立命者要警惕，解决的方法，就是云谷禅师密授了凡先生的持准提咒！准提咒为善念或净念！无事是，就念准提咒（或持佛菩萨名号），念清楚，听清楚，自念自听。脑子里就泛不起恶念了。

第八节 难易

何谓难易？先儒谓："克己须从难克处克将去。"夫子论为仁，亦曰："先难"。必如江西舒翁，舍二年仅得之束修，代偿官银，而全人夫妇。与邯郸张翁，舍十年所积之钱，代完赎银，而活人妻子。皆所谓难舍处能舍也。如镇江靳翁，虽年老无子，不忍以幼女为妾，而还之邻，此难忍处能忍也。故天降之福亦厚。凡有财有势者，其立德皆易，易而不为，是为自暴。贫贱作福皆难，难而能为，斯可贵耳。

评注：立命一事，多指向贫贱者。而对贫贱要作广义解，凡宿命中没有的，均属贫贱范围。

第四章 分类

随缘济众，其类至繁，约言其纲，大约有十：第一，与人为善；第二，爱敬存心；第三，成人之美；第四，劝人为善；第五，救人危急；第六，兴建大利；第七，舍财作福；第八，护持正法；第九，敬重尊长；第十，爱惜物命。

评注：上章讲用心十则，此章讲行事十则。用心无推而广之余地；行事，则不局限于此十则，可以无限扩充。可见，"存好心"一事，非学不可知！好学是行善的前提，所以古人强调"尊师""劝学""活到老，学到老"，今人强调"终身教育"。

第一节 与人为善

何谓与人为善？昔舜在雷泽，见渔者皆取深潭厚泽，而老弱则渔于急流浅滩之中，恻然哀之，往而渔焉。见争者，皆匿其过而不谈；见有让者，则揄扬而取法之。期年，皆以深潭厚泽相让矣！夫以舜之明哲，岂不能出一言教众人哉？乃不以言教，而以身转之，此良工苦心也。吾辈处末世，勿以己之长而盖人；勿以己之善而形人；勿以己之多能而困人。收敛才智，若无若虚。见人过失，且涵容而掩覆之，一则令其可改，一则令其有所顾忌而不敢纵。见人有微长可取，小善可录，翻然舍己而从之，且为艳称而广述之。凡日用间，发一言，行一事，全不为自己起念，全是为物立则。此大人天下为公之度也。

评注：讲了一则故事，引出一番议论，得出一个结论：与人为善，尽然是“大人天下为公之度”！立命者应牢记。

第二节 爱敬存心

何谓爱敬存心？君子与小人，就形迹观，常易相混，惟一点存心处，则善恶悬绝，判然如黑白之相反。故曰：“君子所以异于人者，以其存心也。”君子所存之心，只是爱人敬人之心。盖人有亲疏贵贱，有智愚贤不肖，万品不齐，皆吾同胞，皆吾一体，孰非当敬爱者？爱敬众人，即是爱敬圣贤。能通众人之志，即是通圣贤之志。何者？圣贤之志，本欲斯世斯人，各得其所。吾合爱合敬，而安一世之人，即是为圣贤而安之也。

评注：这是讲立命者应当具有的气度，是云谷禅师所其许的豪杰吧！此应为了凡先生气度的自我写照吧！“能通众人之志，即是通圣贤之志”立命者多体会。

第三节 成人之美

何谓成人之美？玉之在石，抵掷则瓦砾，追琢则圭璋。故凡见人行一善事，或其人志可取而资可进，皆须诱掖而成就之。或为之奖借，或为之维持，或为白其诬而分其谤，务使之成立而后已。大抵人各恶其非类，乡人之善者少，不善者多，善人在俗，亦难自立。且豪杰铮铮，不甚修形迹，多易指摘。故善事常易败，而善人常得谤。惟仁人长者，匡直而辅翼之，其功德最宏。

评注：辅翼人行善事，为仁人长者的事业。

第四节 劝人为善

何谓劝人为善？生为人类，孰无良心？世路役役，最易没溺。凡与人相处，当方便提撕，开其迷惑。譬犹长夜大梦，而令之一觉；譬犹久陷烦恼，而拔之清凉，为惠最溥。韩愈云：“一时劝人以口，百世劝人以书。”较之与人为善，虽有形迹，然对证发药，时有奇效，不可废也。失言失人，当反吾智。

评注:“凡与人相处,当方便提撕,开其迷惑。”责善,朋友之道也。

第五节 救人危急

何谓救人危急?患难颠沛,人所时有,偶一遇之,当如痌瘝之在身,速为解救。或以一言伸其屈抑,或以多方济其颠连。崔子曰:“惠不在大,赴人之急可也。”盖仁人之言哉。

评注:救人危急,属当仁不让和急公好义的范畴,利他者为公。

第六节 兴建大利

何谓兴建大利?小而一乡之内,大而一邑之中,凡有利益,最宜兴建。或开渠导水;或筑堤防患;或修桥梁,以便行旅;或施茶饭,以济饥渴。随缘劝导,协力兴修,勿避嫌疑,勿辞劳怨。

评注:重在勿避嫌疑,勿辞劳怨。

第七节 舍财作福

何谓舍财作福?释门万行,以布施为先。所谓布施者,只是“舍”之一字耳!达者内舍六根,外舍六尘,一切所有，无不舍者。苟非能然，先从财上布施。世人以衣食为命，故财为最重。吾从而舍之，内以破吾之悭，外以济人之急。始而勉强，终则泰然，最可以荡涤私情，祛除执吝。

评注：舍财是扩充德性以立命的有效方法，贫富均可以通过舍财立命。本篇十个例证中，有一半是讲舍财的。至于“内舍六根，外舍六尘，一切所有，无不舍者”，换言之，即为“看得破，放得下”。

第八节 护持正法

何谓护持正法？法者,万世生灵之眼目也!不有正法，何以参赞天地？何以裁成万物？何以脱尘离缚？何以经世出世？故凡见圣贤庙貌经书典籍，皆当敬重而修饬之。至于举扬正法，上报佛恩，尤当勉励。

评注：四个何以，简言之，即立命的依靠。不有正法，何以立命！“举扬正法”当为第一善举。此处以佛恩为代表，包括所有儒释道等正法在内。

第九节 敬重尊长

何谓敬重尊长？家之父兄，国之君长，与凡年高、德高、位高、识高者，皆当加意奉事。在家而奉侍父母，使深爱婉容，柔声下气，习以成性，便是和气格天之本。出而事君，行一事，毋谓君不知而自恣也；刑一人，毋谓君不知而作威也。事君如天，古人格论，此等处最关阴德。试看忠孝之家，子孙未有不绵远而昌盛者，切须慎之。

评注：此处讲孝、悌和忠。“格天”“格论”，均指立命！以家为重的，当通过“孝”立命，做到“使深爱婉容，柔声下气，习以成性”则可改变宿命。有公职的，当以“自恣”“作威”为戒，做到的，可以改变宿命。此节为了凡先生对儒家立命论的具体化。儒家以“务本”立命，即“君子务本，本立而道生。”（《论语·学而篇》）。

第十节 爱惜物命

何谓爱惜物命？凡人之所以为人者，惟此恻隐之心而已。求仁者求此，积德者积此。《周礼》“孟春之月，牺牲毋用牝。”孟子谓：“君子远庖厨。”所以全吾恻隐之心也！故前辈有四不食之戒，谓：闻杀不食，见杀不食，自养者不食，专为我杀者不食。学者未能断肉，且当从此戒之。渐渐增进，慈心愈长。不特杀生当戒，蠢动含灵，皆为物命。求丝煮茧，锄地杀虫，念衣食之由来，皆杀彼以自活。故暴殄之孽，当于杀生等。至于手所误伤，足所误践者，不知其几，皆当委曲防之。古诗云：“爱鼠常留饭，怜蛾不点灯。”何其仁也！

评注：“凡人之所以为人者，惟此恻隐之心而已。求仁者求此，积德者积此。”这是了凡先生特别推崇的一类善事，了凡先生得以长寿，即是通过行此类善举改变53岁宿命的。凡求长寿者，当奉行之！

第十一节 推而广之

善行无穷，不能殚述。由此十事而推广之，则万德可备矣。

评注：行善不易，了凡先生的夫人一度就觉无善事可做。其实，是夫人不明哪些为善事，如时时持准提咒、相夫教子等即为举扬正法，只是百姓日用而不知。所以，此十事拟烂熟于心，才好触类旁通，推而广之。

第四篇 谦德之效

第一章 总说

《易》曰:“天道亏盈而益谦;地道变盈而流谦;鬼神害盈而福谦;人道恶盈而好谦。”是故,谦之一卦,六爻皆吉。《书》曰:“满招损,谦受益。”

评注:以圣人言立信。

第二章 谦光可掬寒士将达

余屡同诸公应试,每见寒士将达,必有一段谦光可掬。

评注:有日常生活经验印证圣言的不可怀疑性!

第三章　例证

第一节　恭敬顺承

辛未计偕，我嘉善同袍，凡十人，惟丁敬宇宾，年最少，极其谦虚。余告费锦坡曰："此兄今年必第"！费曰："何以见之？"余曰："惟谦受福。兄看十人中，有恂恂款款，不敢先人，如敬宇者乎？有恭敬顺承，小心谦畏，如敬宇者乎？有受侮不答，闻谤不辩，如敬宇者乎？人能如此，即天地鬼神，犹将佑之，岂有不发者？"及开榜，丁果中式。

评注："天地鬼神，犹将佑之"为道家观念。谦德的三种表现：一恂恂款款，不敢先人；二恭敬顺承，小心谦畏；三受侮不答，闻谤不辩。

第二节　平怀顺受

丁丑在京，与冯开之同处，见其虚己敛容，大变其幼年之习。李霁岩直谅益友，时面攻其非，但见其平怀顺受，未尝有一言相报。余告之曰："福有福始，祸有祸先，此心果谦，天必相之。兄今年决第矣！"已而果然。

评注："见其虚己敛容，大变其幼年之习"　又一个立命的典范。谦德的两种表现：一虚己敛容；二平怀顺受。

第三节 不怒速改

赵裕峰，光远，山东冠县人，童年举于乡，久不第。其父为嘉善三尹，随之任。慕钱明吾，而执文见之，明吾悉抹其文。赵不惟不怒，且心服而速改焉。明年，遂登第。

评注：此节的谦德为肯服人，与文后江阴张畏岩异曲同工。

第四节 气虚意下

壬辰岁，余入觐，晤夏建所，见其人气虚意下，谦光逼人。归而告友人曰："凡天将发斯人也，未发其福，先发其慧。此慧一发，则浮者自实，肆者自敛。建所温良若此，天启之矣。"及开榜，果中式。

评注：福至心灵，求福先求慧，求慧先求去脾气不怨人，可见夏建所也是大变其幼年之习，立起命来！此节的谦德为气虚意下，谦光逼人。"凡天将发斯人也，未发其福，先发其慧。此慧一发，则浮者自实，肆者自敛。"把此段文字作格言对待，常诵读，多体悟。

第五节 折节自持

江阴张畏岩，积学工文，有声艺林。甲午，南京乡试，寓一寺中，揭晓无名，大骂试官，以为眯目。时有一道者，在傍微笑。张遽移怒道者。道者曰："相公文必不佳。"张益怒曰："汝不见我文，乌知不佳？"道者曰："闻作文，贵心气和平。今听公骂詈，不平甚矣，文安得工？"张不觉屈服，因就而请教焉。道者曰："中全要命。命不该中，文虽工，无益也！须自己做个转变。"张曰："既是命，如何转变？"道者曰："造命者天，立命者我。力行善事，广积阴德，何福不可求哉？"张曰："我贫士，何能为？"道者曰："善事阴功，皆由心造，常存此心，功德无量。且如谦虚一节，并不费钱，你如何不自反，而骂试官乎？"张由此折节自持，善日加修，德日加厚。丁酉，梦至一高房，得试录一册，中多缺行。问旁人，曰："此今科试录。"问："何多缺名？"曰："科第阴间三年一考较，须积德无咎者，方有名。如前所缺，皆系旧该中式，因新有薄行而去之者也。"后指一行云："汝三年来，持身颇慎，或当补此，幸自爱。"是科果中一百五名。

评注：此篇为简约版的《立命之学》。了凡先生立命，得益于佛家人物教导。江阴张畏岩先生立命，得益于道家人物教导。但是，两个人的教育基础，均为儒家。云谷禅师教了凡先生再造义理之身；此节道者教张畏岩先生"须自己做个转变"。云谷禅师教了凡先生从自省和改过上下手扩充德性，多积阴德；此节道者直言"且如谦虚一节，并不费钱，你如何不自反，而骂试官乎"。了凡先生对云谷禅师的教导为信服；张畏岩先生对道者的教导为屈服，即不得不服。道者所教"善事阴功，皆由心造，常存此心，功德无量。”与云谷禅师所教一致。了凡先生奉行立命，第二年宿命就改变了，但是，初始改过迁善费时十余年；张畏岩先生费时三年改变宿命而中举。对“汝三年来，持身颇慎”要重视起来，此与“须自己做个转变”一致。可见，张畏岩先生立命是靠“自己做个转变”。“科第阴间三年一考较，须积德无咎者，方有名。如前所缺，皆系旧该中式，因新有薄行而去之者也。”后指一行云：“汝三年来，持身颇慎，或当补此，幸自爱。”不是天地鬼神夺中举人的宿命或赐中举人的命，而是自己趋凶避吉或趋吉避凶的后果，是“断然由我”。所以，简约版的立命之学，其方法就是从谦德入手，自己做个转变。一个贫士立命的典范。

第四章　受福之基

由此观之，举头三尺，决有神明；趋吉避凶，断然由我。须使我存心制行，毫不得罪于天地鬼神，而虚心屈己，使天地鬼神时时怜我，方有受福之基。彼气盈者，必非远器。纵发，亦无受用。稍有识见之士，必不忍自狭其量，而自拒其福也。况谦则受教有地，而取善无穷，尤修业者所必不可少者也。

评注：此节为道家观念。此节借“天地鬼神”的概念，言因果报应的事实。读书人不明理时，必不惧因果报应，但是，其必存迷信之心，所以此节利用其迷信之心，借天地鬼神说事，启发其认识因果报应对中举人的要紧。

第五章　立真志（不动念）

古语云：“有志于功名者，必得功名；有志于富贵者，必得富贵。”人之有志，如树之有根，立定此志，须念念谦虚，尘尘方便，自然感动天地，而造福由我。今之求登科第者，初未尝有真志，不过一时意兴耳，兴到则求，兴阑则止。

评注：“立定此志”即《立命之学》中云谷禅师讲的“不动念”，由于不方便公开传授准提咒，所以了凡先生创新云谷禅师涵养“不动念”的方法，以“立真志”，替代持准提咒。“须念念谦虚”　是了凡先生创新的改过之法，“念念”，指心念，是在心上改过，提炼出众恶之根“骄傲”和众善之根“谦虚”，在念头细微处，观照转骄傲为谦卑。“尘尘方便”是了凡先生创新的积善之方，“尘尘”，指时时、处处、事事。“方便”，指容人、容事、容物，且能容也能化。“自然感动天地”，即改变宿命，把立命比喻为“感动天地”。由以上五个例证和了凡先生立命挫折中总结得出。

第六章 发大心愿

孟子曰："王之好乐甚，齐其庶几乎！"余于科名亦然。

评注：此节是对《立命之学》中了凡先生立命的愿心"以报天地祖宗之德"和教其子立命的愿心"远思扬祖宗之德，近思盖父母之愆；上思报国之恩，下思造家之福；外思济人之急，内思闲己之邪。"的再升华，即儒生立及第之命，大愿心是以服务国家为本。解决了天下读书人中虽然聪明俊秀，但却屡试不第，在读《立命之学》后认识到需要立命，而发什么愿心的问题。到此，了凡先生针对读书人立科第的命，提出以下立命的方法：

一、起信。对"《易》曰：天道亏盈而益谦；地道变盈而流谦；鬼神害盈而福谦；人道恶盈而好谦。是故，谦之一卦，六爻皆吉。《书》曰：满招损，谦受益。"深信不疑。

二、发大心愿。围绕"孟子曰：王之好乐甚，齐其庶几乎！余于科名亦然。"发心，把愿心具体化为以服务国家为本。

三、立真志。警惕出现"今之求登科第者，初未尝有真志，不过一时意兴耳，兴到则求，兴阑则止。"情况，并且对自己的愿心，要时时放心不下。在及第前落实到改过迁善上；在及第为官后，要落实到施政上。

四、扩充德性，功到自成。改过的方法是“须念念谦虚”，积善的方法是“尘尘方便”。具体表现为：一恂恂款款，不敢先人；二恭敬顺承，小心谦畏；三受侮不答，闻谤不辩；四虚己敛容；五平怀顺受；六屈己服人；七气虚意下；八折节自持。是否具备谦德，以出现并一直保持“谦光逼人”为标准。至此，求科第必得！

齐善鸿教授读乔五星《了凡四训》一书有感

中华文化源远流长，圣贤的智慧思想如一颗颗璀璨的明星，在幽暗的历史长河中熠熠生辉。

真正了解中国历史的人们都知道，在漫长的历史长河中，中国的先人们创造了无数的奇迹。

只是，在如今崇尚科学的时代，文化到底扮演什么样的角色？发挥什么样的作用？这也是我们这个时代的人必须搞清楚的！

一、为何是中华优秀传统文化

在当今世界各个国家、各个民族的优势当中，若是只能选择一项让中国人最为自豪的优势，十之八九应该是中华优秀传统文化。也许有人会说，我们在科技等方面也有很多优势，怎么只能选择文化呢？

这是个很有趣的问题。我们需要从三个方面来进行陈述：

首先要说传统。说起“传统”一词，很多人更多将之理解为久远的历史。难道“传统”与“历史”可以画等号吗？若这两个词完全是同义的，那为何还要用两个词汇呢？实际上传统是在一个民族历史长河的连续不断的实践中，寻着探索真理的方向与路线，发现并不断充实着一种真理的心流。正是这样的一种力量，代代传承，成为了一个民族的道统。这就是传统一词的真义。明白了这一点，就能更好地理解当今中国为何倡导中华文化以及为何能够重新崛起于世界，自然，也就懂得了近百年来中华优秀儿女从翻身解放到富裕强大的秘密！

接着说说文化。狭义上的文化，是人类在生命心智与人生行为的实践中，不断积累并凝炼出的真理级的认知。这样的文化，会成为指导人类一切实践的准则。虽然，在不同的时代，人们的行为方式或者表现方式有所不同，但背后的指导原则几乎是一样的。对于人类文明的进化来说，有没有接近真理的准则来指导人的实践，其结果也是大相径庭的，行动的效率也会出现天壤之别。若是从广义上来说，文化就是人的心智模式、行动方向与效率以及所有实践成果的总和。从此意义上来说，科技的成就在本质上也就是文化的成就。这不仅仅是一种归类的问题，不是生硬的将科技归为文化，而是一种从文化本质到科技现象的逻辑路线问题。

世界公认的是，中华古圣先贤的智慧达到了一个历史的高峰，因为他们站在哲学的巅峰上，发现了世间万象的本质与规律。这样的伟大成就，在中国传承了几千年。在历史的变幻中，中华文明的每一次巅峰或者低谷几乎都与对这种哲学成果的践行质量有着直接关系。

说到这里，我们必须再深入一步。在近代，有一种论调认为中华优秀传统文化阻碍了中国科技文明的发展。很显然，这样的论调是将哲学与科学的践行混为一谈了，并进而得出了一个既违背科学精神、也背离哲学法则的错误结论。说得更加直白一点，在某个历史时期，对于哲学法则的背离，严重阻碍了科学精神与科学实践的进步。因此，理解哲学与科学的关系是至为重要的，否则，就会割裂二者的有机关系，从而使哲学成为空谈之学，也使得科学发现与发展失去了哲学智慧的驱动力。反过来说，只要认真分析一下重大的科学发现就会明白，它们无疑也是应用和创新某种重大哲学法则的成就。

再来说说人类心智。毫无疑问，中华优秀传统文化的核心，就是为中国人的心智找到了一种顶级的智慧模式。粗略说来，包含着相互影响、相辅相成的三个有机方面：一是“修己”，二是“格物”，三是“玄德”。用现代的语言来说就是，认知主体的自我优化与实践质量的不断深化，是指向真理大道的。“修己”，是对科学认识的主体进行自我优化与提升、指向真理大道和悟道得道的持续行动。“格物”，又是依据于一切物质的存在都是大道的显化，因而格物就变成了运用科学认识主体的状态对外部事物进行验证的一个重要印证过程。有趣的是，针对格物所发展出来的法则，又会促进修己的进一步提升，二者联系之紧密，几乎到了随时相互映照的地步。以至于，“格物”本身就要求“修己”到“心性空灵”而能够与万物合一，也就是与要认识的对象及其规律做到最大程度的契合。当“修己”与“格物”不断结出硕果时，若让自己依然能够超然事外，不会因为“修己”与“格物”的互动过程与阶段性的结果出现心灵的波动和扭曲，这就是“玄德”智慧了。到了这样的地步，人的心智也就具备了“玄之又玄”和“螺旋式上升”的智能化状态。

二、《了凡四训》何以被誉为“第一善书”

《了凡四训》距今有400多年了，距离老子和孔子的文明巅峰年代，也有2000多年了。在出现后的400多年中，《了凡四训》为何能够在众多中华文化宝典中脱颖而出并赢得了世间“第一善书”的美誉？搞不清楚这个问题，就很难认识《了凡四训》的真正价值。

在5000年中华文明当中，有数不清的古圣先贤为探索世间真理倾其一生，因此，到了2500年前老子和孔子的年代，天道与人道的文明才能够达到一个巅峰，也成为一个继往开来的经典时刻。距今500年左右的明朝，出现了两位在中华文明的传承与发展中极具标志性的人物，一位是王阳明先生，另一位是袁了凡先生。阳明先生集儒释道为一体，运用自己的亲身修行将中华心学推向了一个巅峰，并在运用中创造了很多历史奇迹。了凡先生也是如此，相对于阳明先生而言，他更加偏重于自我运用、自我改变与具体生活和社会实践的结合，并改变了自身的命运，他的经历更像一部亲力而行的人生故事书。了凡先生对古圣先贤智慧的运用堪称典范，他从先哲智慧中精炼出了一套简明可行的方法论与实施办法。如果说2500年前的古圣先贤们如漫天繁星，王阳明先生的心学智慧则犹如400多年前高悬于历史黑夜中的一轮明月，而了凡先生的智慧则如夜行者手中的“手电筒”。对于广大读者来说，了凡先生实践出来的《了凡四训》，似乎更加接近每个人起修的状态，也更加便于起修时使用。

《了凡四训》作为一部行动宝典，将生命的觉醒阶段化、形象化、图景化、技术化、日常化，活生生地体现了中华文化植入生命的鲜活状态和强大的生命力！

《了凡四训》把许多深奥的道理显化成日常生活中的百姓俗理，更容易让普通人接近和理解，也更加容易操作和践行。也正是这样的风格，让很多人从对深奥中华文化的困惑中走出来，真正的把生活变成了人生修行的道场！

《了凡四训》，是袁了凡先生从困顿走向觉醒的亲身实践。了凡先生的困顿现象，就如同我们每个人自己的故事，而了凡先生觉醒后的起修以及不断取得的人生成果，也进一步增强了许多修行者的信心。也许，这就是“第一善书”的魅力吧！

三、五星先生与《了凡四训》

乔五星先生，有几个现代社会的身份标签，他是党员，又是教师，还担任过书记，又给自己添加了一个中华文化的身份——“了凡先生的助教”。这在当代，也恰恰是一个标志性的身份组合。因为中华文化传统，代代相传，自然是需要传人的。因为当代中国，已经明确了国家级的文化定位：需要具有科学背景、红色文化背景的人，将科学、马列主义普遍原理与中华优秀传统文化相结合。五星先生恰恰在过去的积累中实现了这个时代的结合型模式。这是十分难得的，因为这需要过去几十年的积累，也许不好说是什么先知先觉，但一定是在他的生命中出现了一种召唤，而他正是响应了这种召唤，才让他走上了这种结合型的人生道路。

五星先生践行着自己的身份定位，二十多年来，一门深入，长时熏修，自然熏出了人生的味道。尤其难能可贵的是，五星先生不仅自己在学习、在践行，同时，还能够肩担使命，努力践行“帮你读懂”，让很多起修的朋友们受益。我想，在这种教学相长中，彼此间就会形成一种温暖的心流，滋养双方的生命。

我在学习和践行了凡先生的《了凡四训》中，也与五星先生有同感：

一是用“立命之学”破除“宿命论”这种在命运面前“躺平”或者成为“待宰羔羊”的消极人生观。仅此一点，若是能够真正领悟，就能迎来生命的觉醒。

二是用“改过之法”替换“自辩论”这种让问题与错误反复复制的人生困境。仅此一点，若能领悟，就能感受自我清洁、心灵日益清净的轻松与美好，就能遏制住命运滑向深渊的趋势，就能自救。

三是用“积善之方”来积累自我心中的光明能量，在照亮自己的同时，也给别人分享人生的光明。正所谓“赠人玫瑰，手留余香”。将“立命之学”的光明方向与“改过之法”所换来的心灵清净，再与“积善之方”种植的光明种子三个方面结合起来，人生的前方就会出现光明的曙光，日积月累，就会走进光明的世界！这是修行者自己闯荡出来的世界，这是有希望的世界！

四是用“谦德之效”来作为上述三个核心程序的“闭环收口”程序，形成能够“螺旋式上升”的闭环逻辑和不断上升的动力。

总之，人生的一切美好，都在自我进化中完成！当然，人生中的一切不如意，都是在心智的停滞与退化中造就！

当然，对于一个真正的修行者来说，永远的“敌人”都是自己，永远要战胜的都不是别人而是自己！

当然，在探索真理的道路上，一个真正的修行者，都将在一次次的自我蜕变中接近终极的真理。

当然，不仅仅是明朝需要王阳明和袁了凡两位先哲，当今的时代更加需要传承古圣先贤智慧的大道使者来为新时代助力，也希望我们所有的中华文化的传人们能够肩负起这样光荣伟大的历史使命！

祝福我们所有的修行者们，祝福所有的中华优秀传统文化的天使们，让我们大家一起在一个伟大的时代去构建一个伟大的生命，伟大的人生！

南开大学商学院教授　齐善鸿

二零二三年五月于南开

慧剑先生跋

儒释道三教为中华文化之主流，其旨皆在觉世牖民，令诸众生断恶修善、破迷开悟、转凡成圣也。前清雍正皇帝有云：三教之觉民于海内也，理同出于一原，道并行而不悖。斯乃至真、至正之言也。然唐宋以降，儒者辟佛由来已久，渐成积弊。至明代中叶，憨山德清、云栖袾宏、蕅益智旭等深通儒、道之高僧大德相继出世，三教逐相融合，实乃中华文化发展之又一高峰。

袁了凡居士，乃有明一代之大居士，皈依于憨山德清之师云谷禅师，蒙云谷禅师之开示，而了悟人生命运之真实之理，进而断恶修善，闲邪存诚，的然改造命运，高中进士，为官一方，成就非凡。居士虽身居宦海，然念念慈悲济世，修大布施，行菩萨道，实为在家居士修行之楷模也。其著作《了凡四训》，为四篇戒子文，文理俱畅，后流传于世，蜚声海内，历代倍受学者、高僧、大德所推崇，因读是书而受益者，不可计量。是书融儒释道三教之理于一炉，显三教觉民之微旨，令普罗大众悟人生之实相，实乃三教融合之典范也。

历来注释《了凡四训》之作层出不穷，然多囿于字词训诂，白话翻译，鲜有发见其深义者。乔君五星，尝深研是书数载，身体力行，于是书之微旨，深有发陈，著成《帮你读懂了凡四训》，为今日学人研读是书助益不少。书成，嘱余协助流通出版，余敬览其书稿，欢喜无量，赘述数语，以表随喜赞叹之意尔。

兰陵后学　慧剑

癸卯仲夏于北京谦德山房

后 记

《了凡四训》这本书让我心心念念26年之久，之前是学习、实证、思考、解读，今后是教学、演说、实证，传播。了凡先生和《了凡四训》是我的人生导师之一。以经典为家训，《了凡四训》已成为我们家的家训。

写这本书，把我写明白了：

原来命运真相是这样子呀！

原来《了凡四训》是入世的究竟法呀！

原来儒释道千经万论，不外教人立命！或教人立入世的命，或教人立出世的命呀！

了凡先生立命以报天地祖宗之德，我写本书的发心亦然！

优秀传统文化需要传播，因为此书的写作与讲授，我在为东莞市泰威电子有限公司员工线上授课时，公开自许是了凡先生的助教，号召学习《了凡四训》者，将了凡先生作为自己的人生导师，将《了凡四训》作为自己家的家训代代相传！

凡我华夏子孙，都应当掌握圣贤传授的立命法，入世出世，均要立命。此为孝子贤孙所必行。

本书原文，采用的是2015年7月古吴轩出版社出版的，由弘化社编的《〈了凡四训〉本义直解》中的文本。

致谢所有助推此书面世的个各位教授、博士、学者、企业家及同仁！

此书的出版，或开《了凡四训》——中华伟大立命之学——的研究、学习、普及的新气象！

我还要郑重其事的推荐读者阅读吴文新和朱康有教授的《〈了凡四训〉与共产党员的信仰自觉》一书，推荐读者阅读蔡礼旭先生的《〈了凡四训〉讲记》，推荐读者阅读中央纪委监察部网络中心编的《中国家规》一书，以弥补我这本小册子的不足，拓宽读者对《了凡四训》研习的视野。

我这样解读《了凡四训》，不过一己之见，定有不妥和错误之处，恳请批评指正。

乔五星
2023年5月21日

主要参考书目

(1)吴文新　朱康有:《〈了凡四训〉与共产党人的信仰自觉》,广东人民出版社2016年版。

(2)中央纪委监察部网络中心:《中国家规》,中国方正出版社2017年版。

(3)钟茂森:《〈了凡四训〉研习报告》,中国华侨出版社2010年版。

(4)蔡礼旭:《〈了凡四训〉讲记》,世界知识出版社2014年版。

(5)思尼子:《〈了凡四训〉本义直解》,古吴轩出版社2015年版。

(6)曾琦云:《中华国学劝善经典白话解〈了凡四训〉》,线装书局2018年版。

(7)屈增民　秦东魁:《超凡入圣·转祸为福〈太上感应篇〉》,中国致公出版社2016年版。

(8)弘丰:《了凡四训》,光明日报出版社2016年版。

图书在版编目（CIP）数据

帮你读懂了凡四训 / 乔五星著. — 北京 : 团结出版社, 2023.8

ISBN 978-7-5234-0253-5

Ⅰ. ①帮… Ⅱ. ①乔… Ⅲ. ①《了凡四训》—通俗读物 Ⅳ. ①B823.1-49

中国国家版本馆CIP数据核字（2023）第127422号

出版：团结出版社

（北京市东城区东皇城根南街84号 邮编：100006）

电话：(010) 65228880　65244790　(传真)

网址：www.tjpress.com

Email：65244790@163.com

经销：全国新华书店

印刷：北京印匠彩色印刷有限公司

开本：130×203　1/32

印张：7.75

字数：130千字

版次：2023年8月　第1版

印次：2023年8月　第1次印刷

书号：978-7-5234-0253-5

定价：68.00元